Cómo estudiar con éxito

Técnicas y hábitos para aprender mejor

Cómo estudiar con éxito

Técnicas y hábitos para aprender mejor

Alfieri Olcese Salvatecci

 Alfaomega

Cómo estudiar con éxito
Técnicas y hábitos para aprender mejor
© Alfieri Olcese Salvatecci

Primera edición: México, noviembre 2002
    Quinta reimpresión: México, abril 2005

Ilustración y diseño:
Ana Edith Hernández Velázquez

Al cuidado de la edición:
Martha Cupa León
Adriana Salcido

Producción:
Guillermo González Dorantes

© 2002 **ALFAOMEGA GRUPO EDITOR, S.A. de C.V.**
Pitágoras 1139, Col. Del Valle, 03100 México, D.F.

Miembro de la Cámara Nacional de la Industria Editorial Mexicana
Registro No. 2317

Internet: **http://www.alfaomega.com.mx**
Correo electrónico: **ventas1@alfaomega.com.mx**

ISBN 970-15-0764-9

A mi esposa, hijos y nietos,
que son la fuente de todos
mis pensamientos e ilusiones

Contenido

Prólogo 9

El poder maravilloso del cerebro II
    Aprender con todo el cerebro 13
    Bases neurológicas del aprendizaje 19
        Niveles de conciencia 20

El arte de descansar 25
    Técnica para dormir 28
    Cómo evitar la fatiga mental 28
        Factores que influyen en la fatiga mental 30

Condiciones de trabajo adecuadas para estudiar 3I
    Lugar de estudio 31
        La mesa y la silla de estudio 34
        La iluminación 37
        La temperatura 38
    Planea tu horario por adelantado 38
        Plan diario 44

Actitud correcta sobre tus estudios
y la manera de estudiar 49
        Siempre hay que estudiar 50
    La atención en el estudio 54
        Utilidad de la atención 58
        Me concentraré 60
        Cómo aprovechar mejor el estudio 65

Aprender a aprender 69
    Memoria y atención 69
        Prepárate para la vida, no para los exámenes 70
    Consejos para los exámenes 73

Cómo estudiar con éxito. Principales métodos de estudio **75**

Método PROST o EFGHI 75
El método de estudio EPLERR 84
   Aplicación del método EPLERR 87
El método de estudio ERRRE 88
La técnica CIILPRA 93
Aplicación de los diagramas formales
   y de los creativos diagramas memorísticos 100
Exploración del texto 106
   El párrafo 106
   Memoria de estudio 118

Técnicas auxiliares de estudio **123**

Tomar apuntes 123
El subrayado 124
El resumen 126
Las fichas 126
Funcionamiento del fichero 127

**Cómo desarrollar actitudes de éxito
para el estudio** **131**

La actitud mental y su memoria 131
Desarrolla una buena memoria 132
   Desarrollo de la memoria general 134
   Desarrollo de la memoria verbal 136
El olvido 138
   Curva del olvido 138
   "Trucos" para recordar 142
   La alegoría 144
   La memoria en discursos y conferencias 147

Hábitos de estudio **151**

La imagen de sí mismo 158
La confianza en sí mismo 158
El deseo 159
Los cambios 160
El liderazgo 161
Metas 162
Motivación e interés 163
La motivación personal 165
Entusiasmo y voluntad 166
Plan del éxito personal 172

Bibliografía **173**

Prólogo

Bienvenido a esta experiencia en la lectura de un nuevo y eficaz método de estudio. Este libro utiliza un lenguaje sencillo al alcance de todos: niños, jóvenes y adultos. Comprende diferentes técnicas, entre las cuales se encuentra CIILPRA, así como el método de estudio EPLERR, que te serán útiles para alcanzar el éxito en tus estudios y vida profesional.

Si abres las puertas a un mundo nuevo en la adquisición de conocimientos, lograrás aprovechar al máximo todo tu potencial como ser humano superior e inteligente.

Dependerá de ti abrir las puertas de par en par para conseguir que las estrategias aprendidas y las habilidades que adquieras sirvan para que te conviertas en una persona capaz de tomar decisiones y estés preparado para ser un profesional actualizado y competente, al descubrir y utilizar tus capacidades personales, que muchas veces son desaprovechadas y desconocidas. Lo que necesitas para lograrlo es decisión para estudiar y aprender.

Toda técnica, método, regla o sistema tiene validez sólo en la medida en que se practique con voluntad y persistencia.

Mi mayor deseo es contribuir con esta obra a convertir al estudiante en una persona crítica, autónoma e independiente.

Finalmente, recuerda que la simple lectura de este libro no es suficiente, sino que es necesario llevar a la práctica los consejos y sugerencias que se presentan aquí para lograr los niveles de excelencia deseados.

El poder maravilloso del cerebro

Por: Bruce Bliven

l cerebro humano es una de las cosas más maravillosas del universo. La mayoría de las personas lo consideran como un mecanismo
delicado, y claro que lo es; pero también es un órgano resistente y
durable, mucho más útil de lo que generalmente se advierte. He
aquí siete hechos importantes, algunos hallados en investigaciones recien-
tes, que pueden ayudarte a utilizar tu cerebro con mayor eficiencia.

1. *No hay tal "Cansancio Cerebral"*

A menudo se habla de la "fatiga mental" o del "cansancio cerebral" en la
creencia que el esfuerzo mental concentrado y prolongado produce cansancio del propio cerebro; pero los hombres de ciencia estiman que ese
estado no puede existir. El cerebro no es como los músculos. Sus funciones no son de carácter muscular sino electroquímico, comparable hasta
cierto punto con las de una pila eléctrica.

Cuando el cerebro parece estar cansado, después de algunas horas
de trabajo mental, casi con seguridad la fatiga está localizada en otras
partes del organismo: los ojos, los músculos del cuello o de la espalda. El
cerebro mismo puede seguir trabajando casi indefinidamente. Un psicó-
logo muy conocido dice: "A menudo lo que se siente no es fatiga, sino
falta de atención e incapacidad para desentenderse de pensamientos que
distraen".

2. *La capacidad cerebral es casi inagotable*

La parte del cerebro que interviene en el pensamiento, en la memoria y
en todas las actividades conscientes está formada principalmente por
diez o doce millones de células diminutas. Cada una de éstas tiene un

juego de finísimas prolongaciones por medio de las cuales puede pasar un mensaje electroquímico de una célula a otra. El pensamiento y la memoria guardan relación con el paso de estas corrientes eléctricas. El hombre más sabio que ha existido, no se ha acercado siquiera a la utilización total de la capacidad de su maravilloso almacén mental (es muy posible que las personas en general no empleen más del 10 al 15 por ciento de su capacidad cerebral).

3. La inteligencia natural es menos importante de lo que se cree normalmente

¿Cuáles son las características físicas de una gran inteligencia? Contra lo que por lo común se cree, no se requiere un cráneo demasiado grande, sino más bien un gran número de complicadas circunvalaciones de la corteza cerebral, la parte superior y más superficial del cerebro. Las personas muy inteligentes tienen también una buena circulación sanguínea que lleva al cerebro oxígeno, glucosa y algunas otras sustancias químicas importantes. Es posible que alguien con aptitud muy especial, genio matemático o musical, por ejemplo pueda tener haces excepcionalmente gruesos de fibras nerviosas en algún sitio determinado del cerebro.

4. La edad no impide aprender

Uno de los falsos conceptos más extendidos es el de que con la edad algo le sucede al cerebro que dificulta los intentos ulteriores de estudiar. Esto sólo es cierto en proporción tan pequeña que para la mayoría de las personas carece de importancia práctica.

Se nace con todas las células cerebrales que siempre se tendrán. Unas cuantas mueren de tiempo en tiempo y no son sustituidas; pero, excepto el caso de una gran enfermedad cerebral, el número de las que mueren es insignificante. La decadencia del cerebro en las personas seniles está vinculada a la defectuosa circulación de la sangre y de las preciosas sustancias que transporta, especialmente el oxígeno y la glucosa.

5. Las facultades mentales aumentan con la práctica

Como el sistema muscular del cuerpo, el cerebro tiende a atrofiarse con la falta de ejercicio, y a mejorar con éste, como lo demuestra el hecho de que si en los primeros años de vida se destruye el nervio óptico, las células cerebrales correspondientes del cerebro permanecen sin desarrollarse.

Conforme el cerebro madura, las fibras nerviosas van quedando rodeadas de una sustancia grasosa llamada mielina; y no funcionan adecuadamente hasta que ha ocurrido esto por la práctica de los procesos mentales. Al niño recién nacido le falta la mayor parte de la mielina, razón por la cual no podemos recordar antes de los dos o tres años de edad. Muchos fisiólogos creen que el ejercicio intenso de cualquier parte del cerebro estimula el desarrollo de la esencial mielina.

Todo lo que se haga con el cerebro, lo ejercita. Evidentemente hay más ejercicio cuando se hace algo difícil, que cuando se hace algo fácil. Cuando más se razona, es más sencillo proseguir nuevos razonamientos. La capacidad de memorizar también mejora con la práctica. Algunas autoridades en la materia consideran que el tiempo requerido para memorizar cualquier cosa puede, con la práctica, reducirse hasta dos tercios.

Todo aspecto de la personalidad queda almacenado en el cerebro, incluso la fuerza de voluntad para terminar una tarea desagradable o tediosa; se facilita un poco más lo que se necesita hacer después.

6. *El cerebro primitivo y el nuevo*

El cerebro puede describirse (con simplificación excesiva) como formado por tres partes: la superior, la media y la inferior. En la sección inferior se ejecutan las funciones automáticas del cerebro, por ejemplo mantener el funcionamiento del corazón y los pulmones. El cerebro medio participa en esas operaciones, pero también sirve como puente para pasar mensajes del cerebro superior o corteza cerebral. Esta parte superior del cerebro es la característica que por sí sola más distingue al hombre de los animales inferiores.

Los primeros organismos vivientes en la tierra carecían del cerebro superior, también llamado "neoencéfalo" o sólo tenían un esbozo del mismo; con la evolución, la proporción fue aumentando progresivamente y por eso se llama "cerebro nuevo" a la parte superior. Aun primates como el chimpancé y el gorila, tienen más de un tercio del cerebro superior que tiene un ser humano.

Aprender con todo el cerebro

Lo que se ha descubierto en la última década es que tenemos dos cerebros superiores en lugar de uno y que ambos operan en campos mentales muy diferentes; sabemos, además, que los patrones que puede seguir el cerebro son más numerosos de lo que se había supuesto a finales de los años sesenta, y que el cerebro necesita diversos tipos de alimentos para sobrevivir.

A finales de los años sesenta y comienzos de los setenta, se inició en varios laboratorios californianos una investigación que iba a cambiar nuestra concepción del cerebro humano y que, con el tiempo, permitiría a Roger Sperry, del Instituto de Tecnología de California, obtener el premio Nobel y a Robert Ornstein adquirir renombre internacional por sus trabajos sobre las ondas cerebrales y la especialización de funciones.

A grandes rasgos, lo que Sperry y Ornstein descubrieron fue que ambos lados del cerebro, es decir, los dos cerebros, que están vinculados por una red extraordinariamente compleja de fibras nerviosas denominadas cuerpo calloso, realizan actividades mentales diferentes.

En la mayoría de las personas, el lado izquierdo del cerebro se ocupa de la lógica, el lenguaje, el razonamiento, los números, la linealidad, el análisis, etc.; es decir, de las llamadas actividades "científicas". Mientras el lado izquierdo está en actividad, el derecho emite "ondas alfa", lo que significa que permanece en estado de reposo. El lado derecho del cerebro se ocupa del ritmo, la música, las imágenes, la imaginación, los colores, la elaboración de paralelismos, la ensoñación diurna y el reconocimiento de los rostros y de los modelos o mapas.

Investigaciones ulteriores han venido a demostrar que cuando se logra que una persona desarrolle un campo mental que hasta entonces había sido débil, este desarrollo, en lugar de restar fuerza a otros campos, parece producir un efecto sinérgico que mejora el rendimiento de los demás campos mentales.

Sin embargo, a primera vista, la historia parece contradecir estos descubrimientos, ya que la mayoría de los "grandes cerebros" presentan un desequilibrio aparente en lo que se refiere a la actividad mental. Mientras Einstein y otros científicos parecen haber estado dominados por su "cerebro izquierdo", Picasso, Cezanne y otros artistas y músicos parecen haberlo estado por su "cerebro derecho".

No obstante, una investigación más completa permitió descubrir una serie de datos sorprendentes: Einstein atribuía a la imaginación el mérito de muchos de sus descubrimientos científicos más importantes. Mientras un día de verano soñaba despierto en lo alto de una colina, imaginó que cabalgaba sobre los rayos del sol hasta los confines del universo y al encontrarse de nuevo, "ilógicamente", en la superficie del sol, se dio cuenta de que el universo tenía que ser curvo y que su formación "lógica" anterior era incompleta. Los números, las fórmulas, las ecuaciones y las palabras con las que vistió esta nueva imagen se convirtieron en la teoría de la relatividad, verdadera síntesis de los cerebros izquierdo y derecho.

En la actualidad, los químicos exploran las intrincadas estructuras químicas que existen e interactúan en el interior de la cabeza; los biólogos se debaten con las funciones biológicas del cerebro; los físicos descubren paralelismos con sus investigaciones del más remoto espacio; los psicólogos intentan aprehender la mente sin resultado; por último, los matemáticos, que han construido modelos para las computadoras más complejas e incluso para el propio universo, no han podido encontrar todavía una fórmula que represente las operaciones que tienen lugar día a día en el cerebro.

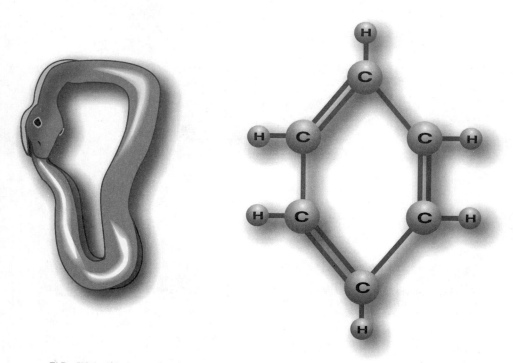

El Dr. "Kekulé" visualizó en sueños una serpiente cuando estaba tratando de resolver la estructura de la molécula del benceno. El ofidio se mordía la cola: esto dio la pista al científico para que descubriera la fórmula circular que caracteriza a esta sustancia.

APRENDER CON TODO EL CEREBRO

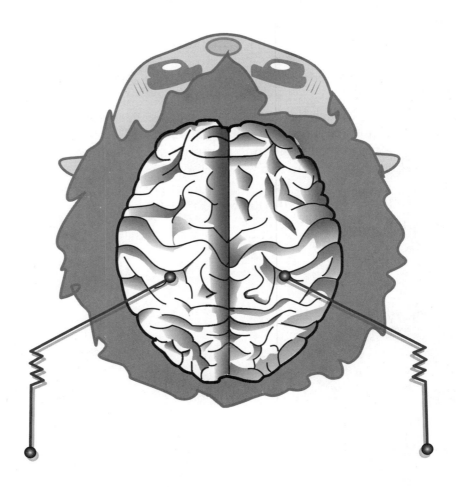

Funciones del hemisferio izquierdo

Movimientos de la mano derecha
Habla
Lenguaje
Escritura
Lógica
Matemáticas
Ciencias

Funciones del hemisferio derecho

Movimientos de la mano izquierda
Construcción espacial
Pensamiento creativo
Fantasía
Apreciación del arte
Apreciación musical

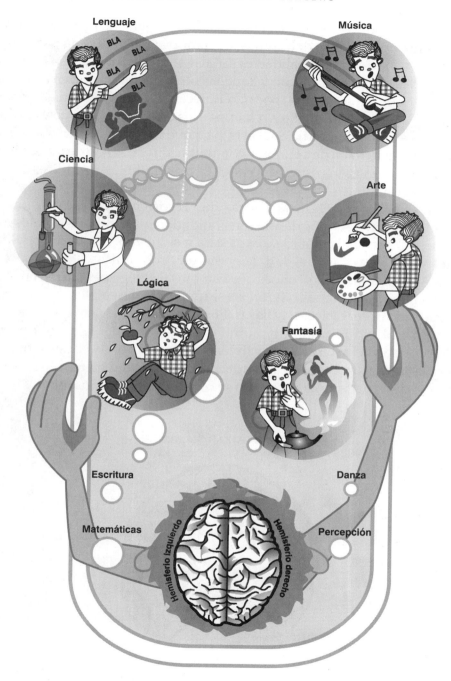

Los lados derecho e izquierdo del cerebro.

Parece, por consiguiente, que cuando una persona juzga estar especialmente dotada para determinados campos y poco dotada para otros, lo que está haciendo en realidad es señalar aquellas zonas de su potencial que ha desarrollado con éxito y aquellas otras que permanecen en estado latente y que, sin embargo, podrían florecer si se les abonara adecuadamente. Estos descubrimientos relativos a los cerebros izquierdo y derecho constituyen un apoyo adicional al trabajo que vas a realizar en materia de memorización, toma de apuntes y comunicación, y trazado de mapas mentales, ya que en todos estos campos es imprescindible que utilices ambos lados del cerebro.[1]

Existen ondas electroquímicas que recorren el cerebro de ocho a doce veces con periodos de alta sensibilidad, registrando las señales más fuertes. Como si el cerebro se explorara a sí mismo. A mayor actividad intelectual, mayor intensidad de ondas electroquímicas.

Actualmente se desconoce qué cambios fisiológicos ocurren en el cerebro cuando se aprende. Algunos estudios experimentales nos han proporcionado observaciones valiosas. Por ejemplo, se ha visto que a medida que un individuo aprende, aumentan las sustancias químicas que interconectan las neuronas. La actividad intelectual fortalece estas conexiones y refuerza el proceso de aprendizaje. Las aptitudes mentales que no se usan se desvanecen. Así el cerebro se compara con un músculo.

CÓMO UTILIZAR SU MENTE

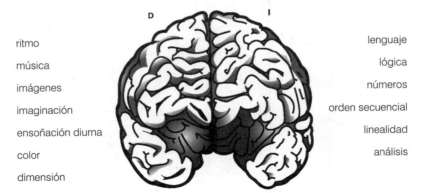

Los dos lados del cerebro vistos de frente y sus funciones.

[1]   Bazán, Tony, *Cómo utilizar su mente con máximo rendimiento*, Ed. Deusto, pp. 14-16.

En tal sentido, nuestro cerebro posee cualidades inexplicablemente complejas que nos diferencian de los animales. Un investigador dijo: "No somos simplemente unos antropoides más sesudos; sino que nos destacamos por crear pensamientos e ideas que nos hacen cualitativamente diferentes de toda otra forma de vida".[2]

Bases neurológicas del aprendizaje

El dibujo que aparece a continuación ilustra que en todo aprendizaje (como al estudiar) se sigue este proceso:

1. Se produce la sinapsis entre ramificaciones de células nerviosas del cerebro.

2. Al principio del aprendizaje, hay pocas conexiones entre las terminaciones dendríticas.

3. Sin embargo, después se forman conexiones nuevas para permitir la sinapsis y el paso de la información.

4. Las flechas marcan el flujo informativo en un solo sentido que se produce durante la sinapsis.

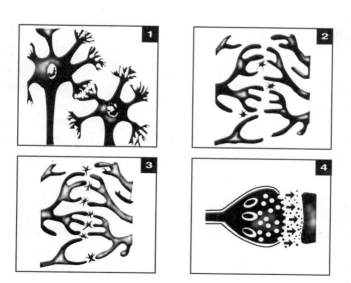

[2]   Quelopana Mondoñedo, Jaime, *Guía metodológica y científica del estudiante*, Ed. San Marcos, p. 10.

Niveles de conciencia
Por: Wilfredo Ramírez Lítuma

El neurofisiólogo alemán Hans Berger, inventó en 1929 el "electro-encefalógrafo" demostrando que el cerebro necesita energía eléctrica para trabajar (15 watts aproximadamente), la produce y la transforma. A este descubrimiento se le conoció como "Ondas Berger", la primera en aparecer, la más fuerte, fue la frecuencia 10; por eso se le bautizó como "ALFA".

Así fue que con ayuda del electroencefalógrafo, se logró delimitar exactamente cuatro estados mentales o "niveles de conciencia": BETA, ALFA, THETA y DELTA.

Nivel BETA. Es el exterior consciente. Las pulsaciones eléctricas del cerebro están en su nivel más alto, superando los catorce ciclos por segundo (su espectro es de catorce a veintiocho).

Los cinco sentidos físicos vista, oído, tacto, olfato, gusto, funcionan en Beta. Aparentemente toda la información grabada a través de nuestros sentidos físicos se archiva en algún comportamiento de Beta.

Nivel ALFA. Es la puerta de ingreso al "reino desconocido de la mente". Si aceptamos que el cerebro se asemeja a una computadora, el nivel Alfa equivaldría al control de mando con el que programaríamos nuestra mente para lograr el dominio de nosotros mismos, la seguridad en nosotros mismos, de la que nos habló Aristóteles.

En este estado de conciencia las pulsaciones eléctricas fluctúan entre 7 y 14 ciclos por segundo, hay relajamiento muscular y mental. Es el interior consciente durante el cual se pueden recibir sugestiones benéficas con las cuales se esté de acuerdo.

Nivel THETA. Las pulsaciones eléctricas van de 4 a 7 ciclos por segundo. Estado de sueño "normal" no muy profundo en el que se pueden recordar los sueños. El oído percibe perfectamente cualquier sugestión.

Nivel DELTA. Las pulsaciones eléctricas van hasta 4 ciclos por segundo como máximo (el cero significaría la muerte). Estado de sueño muy profundo, en el que los sentidos se encuentran anulados.

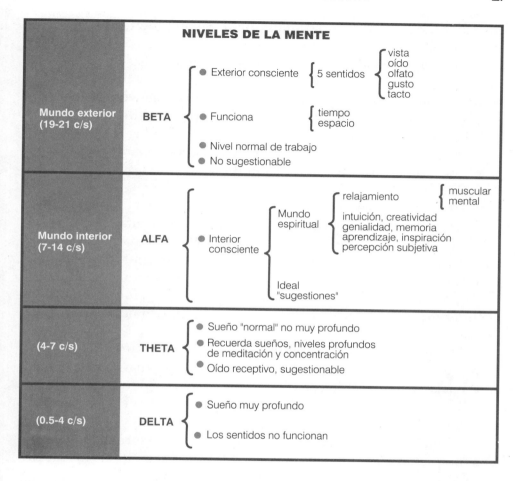

NIVELES DE LA MENTE

Mundo exterior (19-21 c/s)	**BETA**	• Exterior consciente	5 sentidos	vista / oído / olfato / gusto / tacto
		• Funciona	tiempo / espacio	
		• Nivel normal de trabajo		
		• No sugestionable		
Mundo interior (7-14 c/s)	**ALFA**	• Interior consciente	Mundo espiritual	relajamiento {muscular / mental} / intuición, creatividad genialidad, memoria aprendizaje, inspiración percepción subjetiva
			Ideal "sugestiones"	
(4-7 c/s)	**THETA**	• Sueño "normal" no muy profundo / • Recuerda sueños, niveles profundos de meditación y concentración / • Oído receptivo, sugestionable		
(0.5-4 c/s)	**DELTA**	• Sueño muy profundo / • Los sentidos no funcionan		

Relajación

Se considera relajación al estado de conciencia durante el cual hay disminución de "frecuencias cerebrales", consumimos menos energía, pues en estado de vigilia, es decir en el nivel Beta, derrochamos mucha.

Metodología

Para ingresar al nivel "Alfa", el reino desconocido de la mente, emplea la siguiente técnica: ponte cómodo, con el cuerpo laxo, la vista fija en un punto cualquiera ubicado a unos 45 grados sobre el plano horizontal; cierra tus ojos, respira varias veces lenta y profundamente utilizando la "respiración diafragmática" (que consiste en dirigir el aire a la base de los pulmones, con la ayuda del diafragma). Siente que te vas relajando más y más.

Para alcanzar un nivel mental más profundo y más interno, cuenta hacia atrás, desde veintiuno. Con cada número menos, sentirás ir más adentro, a lo profundo, más cerca cada vez de la verdadera fuente de tu ser:

Veintiuno… veinte… diecinueve… más profundo.

Dieciocho… diecisiete…dieciséis…más profundo.

Quince…catorce…trece …más profundamente.

Doce…once …diez …más profundo.

Nueve…ocho …siete …más profundo.

Seis…cinco …cuatro …más y más profundo.

Tres…dos…uno …ya estás en tu nivel básico mental.

…Ahora, imagínate escenas pasivas, una escena de la naturaleza en calma, que sea hermosa y relajante para que te ayude a sintonizar los niveles interiores de tu mente. Permanece tranquilo y en paz, imagínate dentro de la escena que hayas escogido. Siente la vibrante fuerza vital de la naturaleza que te rodea y siéntete en una perfecta armonía con los niveles internos de tu mente.

Ahora te encuentras en armonía con tus niveles internos. Relájate… Siempre que menciones la palabra *relájate*, tu cuerpo, tu cerebro y tu mente se relajarán y quedarán completamente pasivos.

Repite "Estoy teniendo pensamientos positivos que me harán feliz, próspero y triunfante".

"Utilizo mi mente cada vez más, y la uso en tal forma que domino por completo todos mis sentimientos y facultades en todos los niveles de la mente, incluyendo el nivel consciente interno."

Siempre que entres en tus niveles recibirás beneficios, tanto física como mentalmente. También es posible usarlos no sólo para ayudarte a ti mismo, sino también para beneficiar a tus amigos y parientes, o a cualquier otro ser humano que necesite ayuda.

Debes emplear siempre los niveles profundos e internos de la mente, de una forma constructiva y creativa para todo lo que sea bueno, honrado y positivo. No los uses nunca para hacerte daño a ti mismo o a otras personas. Si ésta fuera tu intención, no podrías funcionar dentro de estos niveles.

Para salir del nivel, cuenta del 1 al 5. Con los ojos abiertos, repite: "Estoy bien despierto, muy descansado y en perfecto estado de salud", y así será.

LA MENTE ESTÁ SIEMPRE "CONECTADA"

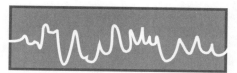

Sueño

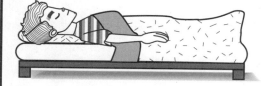

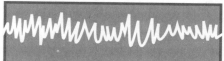

Relajación

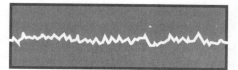

Acción

El arte
de descansar

L a mente absorbe una mayor cantidad de conocimientos cuando el cuerpo está descansado y aliviado de toda tensión. A muchas personas se les dificulta descansar porque, quizá, se esfuerzan demasiado en hacerlo. Descansar no requiere esfuerzo. En el mismo instante que te des cuenta que puedes hacerlo, te aliviarás de tensiones y descansarás.

He aquí una verdad que hay que recordar: quemas energías cuando te encuentras sujeto a un estado de tensión. Cuando descansas, estás almacenándolas. Puedes abrir y cerrar tus manos a voluntad. Puedes mover la cabeza, el cuerpo, las piernas, a voluntad. ¿Por qué?, porque sabes que puedes hacerlo. Tan pronto como sepas que puedes descansar los músculos del cuerpo, no tendrás dificultad para hacerlo.

Practica el descanso. Practica con los diversos miembros de tu cuerpo. Los pies, las manos, las piernas, el tronco, y así sucesivamente, ordénales que descansen y lo harán.

Tal como lo indica Ben Sweetland, cuando domines el arte del descanso lograrás beneficios incontables. Si decides descansar completamente tan pronto como te acuestes en la noche, caerás en un sueño tan profundo y tranquilo que despertarás vivificado. Si descansas de modo completo antes de comer, los alimentos te harán mucho más provecho. Así, estarás trabajando en combinación con tu naturaleza para ayudar a que la comida sea mejor digerida.

He aquí una prueba: cierra fuertemente el puño y a medida que lo abras observa cómo la sangre ha sido obligada a retirarse de ciertas partes de la mano. Esto te demuestra cómo la tensión perjudica la circulación de la sangre, causando muchas enfermedades. Vuélvete consciente del descanso. Cada vez que te des cuenta de la tensión, di a tu yo interno: "descansa".

Recuerda, el título del libro de Ben Sweetland "Yo puedo", significa muchas cosas. Así como cuando piensas en términos de... yo puedo triunfar... yo puedo ser feliz... etc., también puedes decir ¡yo puedo descansar!

Saber descansar es el arte de saber proporcionar reposo al cerebro, a los nervios y a los músculos.

La tensión psíquica que exige el estudio causa fatiga. Sabido esto, se hace necesario un autocontrol de las capacidades de trabajo, y brindar al cuerpo el desarrollo de sus propias facultades con periodos de descanso para la reposición de sus fuerzas.

La inacción por sí misma no conduce al descanso. Descansar es abandonar voluntariamente las preocupaciones, eliminar del cuerpo toda tensión, hasta encontrar la perfecta calma.

Por mucha prisa que se tenga en obtener un resultado, no es prudente trabajar sin tregua. El aislamiento, en algunos casos, la lectura recreativa, los juegos y el ejercicio físico, en otros, constituyen el mejor medio de reposición de energías físicas y mentales. Después, al cesar este provechoso periodo de libertad, debe recobrarse el autodominio, dirigir el pensamiento hacia la continuación de las tareas iniciadas, y entregarse de lleno al trabajo.

El estudiante que trabaja durante muchas horas sin interrupción, pierde mucho más tiempo al tratar de fijar su atención agotada, que al permitirse algunos minutos de descanso reparador. El verdadero ritmo, que hará provechoso el esfuerzo, consiste en descansar de cinco a diez minutos durante todas las horas de labor. Esto es lo más recomendable para la mayoría de las personas, pero puede variar de un individuo a otro. De todos modos es aconsejable recordar que el máximo de trabajo intelectual interrumpido no debe rebasar las dos horas.

Por otra parte, es recomendable hacer una pequeña pausa entre dos estudios completamente diferentes.

La relajación muscular por medio de la sugestión hipnótica —muy difundida actualmente— hace desaparecer la sensación de cansancio y el desgano psicológico. Por lo regular la simple relajación casi permite alcanzar los resultados de la hipnosis. Respecto al rendimiento en el estudio (memoria, concentración, tranquilización) hay ventajas adicionales no específicas que suelen ser feliz consecuencia de la relajación.

Los ejercicios de relajación proporcionan grandes beneficios a quienes los practican:

1. Brindan descanso reparador, muscular y mental. Se eliminan psicodrogas para dormir y para no dormir, tranquilizantes, etc., cuyo uso constituye un gravísimo problema.

2. Desarrollan la capacidad de memoria y concentración bloqueadas por la tensión, favoreciéndolas con el descanso adicional.

3. Permiten que la imaginación reemplace a la voluntad tensa, haciendo el estudio más fluido, fácil y provechoso.

4. Ejercitan todas las capacidades de la atención, evocación y recuerdo.

El cuerpo necesita de siete a ocho horas de descanso absoluto por día. Este periodo mínimo no debe ser reducido salvo en forma excepcional, aislada y por un motivo válido. Los estudiantes tienen propensión a acortar sus noches de descanso, sobre todo en tiempo de exámenes. Si supieran cuánto mal se hacen, organizarían mejor sus horarios a fin de descansar por la noche. En ese momento, y ante la fatiga que produce el estudio, suelen perder de vista el motivo y la razón que los llevaron a acometer la tarea. El halago y la satisfacción final parecen mucho más pequeños de lo que en realidad son, y se hace necesaria una imagen fuerte de la recompensa al esfuerzo. El principio de la recompensa actúa sobre la mente para desarrollar sus facultades, y es tan grande su importancia que puede actuar como factor decisivo entre el éxito y el fracaso.

Haz uso del descanso y la distracción misma como un premio cuando ya hayas desarrollado por completo el trabajo que te habías propuesto llevar a cabo.

Adquiere un ritmo de trabajo. De tus horas libres escoge las más propicias a la concentración y trata de que ningún motivo ajeno a tu propósito ocupe este periodo. Las horas de la mañana, cuando las tareas del día aún no han dejado sus huellas, son las más aconsejables para el estudio.

Hasta el instante previsto, evita todo pensamiento negativo, y cuando llegue el momento, abandona resueltamente la tarea que tengas entre manos y deja que la propia atención sea acaparada por el estudio y los ejercicios de práctica.

Por último, si verdaderamente deseas triunfar, adquiere un perfecto dominio de ti mismo y no cedas ante las tentaciones placenteras que distraigan tu atención, asígnales un lugar en tu siguiente periodo de descanso.

Técnica para dormir

Echado en la cama, listo para dormir, cierra tus ojos, respira profundo y exhala despacio varias veces... luego imagínate un pizarrón;
mentalmente toma una tiza con una mano y un borrador con la otra,
dibuja un círculo grande en el pizarrón, luego escribe el número 100
dentro del círculo. Fuera de éste a la derecha, escribe la palabra
SUEÑO; borra el número 100 sin borrar el círculo, repite mentalmente las palabras MÁS PROFUNDO. Cada vez que las repitas, entrarás
a un nivel mental más profundo, más saludable... Continúa escribiendo y borrando, en escala descendente: 99, 98, 97, 96, 95, hasta
quedarte dormido.

> Somos una integridad, busquemos desarrollarnos en los 3 nive-
> les, que forman una trilogía maravillosa, que nos haga sentir real-
> mente que nos vamos realizando: el plano físico, espiritual y
> mental. Busquemos una armonía en nosotros mismos, que nos
> haga captar la armonía del micro y macro cosmos para luego di-
> bujar nuestro destino con toques brillantes de color; crear acordes
> melodiosos para luego sintonizarnos con el universo y vibrar así,
> en busca de un futuro promisorio, labrando nuestro presente a
> costa de nuestras experiencias en el pasado y proyectarnos luego
> con el toque mágico de nuestra imaginación hacia el camino de la
> realización, nuestro tesoro. (Guillermo A, Byrnes.)

> La felicidad es tener nuestro cuerpo en armonía con nosotros mismos y
> con el universo, y una armonía de la Mente con el Ser Supremo. (Ernesto
> Arauco Travesan.)

Cómo evitar la fatiga mental

Si la fatiga mental significa para ti abatimiento o depresión nerviosa o
nerviosidad extrema o agotamiento, podemos decirte que son conta-
dos los estudiantes de secundaria que han enfermado por estudiar demasiado.

La fatiga mental en realidad es una mezcla de abatimiento, de falta
de verdadero interés y de inquietud física. Además hay otros elementos

—la actitud de uno, ineficacia, deseo de hacer otra cosa, así como un sentimiento de presión o tensión—. El trabajo puede producir tanta fatiga mental como cualquier otra de las causas mencionadas.

Naturalmente, te puedes sentir cansado después de un prolongado estudio pero no tendrás fatiga mental si:

- Estás físicamente bien y, estudias en condiciones apropiadas.

- Si estudias las materias más difíciles en el momento en que te sientas con más energía.

- Alternas tus distintos tipos de actividades de estudio; por ejemplo, leer un poco, después escribir o resolver problemas matemáticos, luego memorizar, posteriormente leer, más tarde dibujar.

- Te proporcionas periodos de descanso o recreo durante el estudio, según tu horario escrito.

- Te libras de los sentimientos que te oprimen e inquietan.

- Desarrollas hábitos eficaces de estudio.

¡No!

¡Sí!

Factores que influyen en la fatiga mental

- Número excesivo de horas de trabajo.

- Falta de pausas adecuadas durante el mismo.

- Demasiada velocidad o atropellamiento.

- Operaciones desagradables durante su ejecución.

- Textos inadecuados.

- Postura impropia.

- Muchos ruidos.

- Iluminación deficiente o excesiva.

- Temperatura deficiente o excesiva.

- Presencia de sustancias anormales en el aire (falta de ventilación, malos olores, etc.).

- Alteraciones digestivas (hambre, digestión difícil, plenitud gástrica, etc.).

- Perturbaciones emocionales originadas por el miedo al fracaso en el trabajo.

- Actitud personal de antipatía hacia el trabajo o el estudio.

- Falta de reposo o sueño nocturno.

- Intemperancia.

- Retrasos y dificultades en el transporte.

- Habitación defectuosa.

- Conflictos familiares.

- Preocupaciones diversas (económicas, sociales, etc.).

- Nutrición deficiente.

- Falta de intereses compensadores.

- Enfermedades.

- Abuso de cigarrillos, drogas, alcohol.

Condiciones de trabajo adecuadas para estudiar

Lugar de estudio

Escoge un lugar para estudiar, pero la habitación o rincón de tu casa que hayas elegido debe llegar a ser "sólo para el estudio y para siempre". Ya puedes decir adiós a tu costumbre de emplear largo tiempo en comenzar a estudiar. En cuanto entres allí te encontrarás en un ambiente adecuado para el estudio. "No hagas otra cosa ahí".

No necesitas poner un letrero de "No entrar", pero los miembros de tu familia deberán darse cuenta que es tu lugar de estudio y respetarlo como tal. Todas nuestras acciones se desarrollan en un lugar, lo cual significa que el ambiente es un elemento que ejerce su influjo en nuestra actitud y nuestra eficiencia en el estudio, por lo que concluimos que el medio organizado es una condición para estudiar.

Para realizar un estudio eficiente es necesario disponer de un ambiente adecuado donde queden eliminadas las cosas que nos distraigan o impidan nuestra concentración. La tranquilidad es básica para el estudio privado. Lo mejor es estudiar habitualmente en el mismo lugar. Los libros y materiales deben estar a la mano y no llevarlos de un lugar a otro. En resumen, te recomendamos estudiar, de ser posible, en un mismo lugar que tenga las características siguientes:

1. Suficiente espacio.

2. Poco ruido.

3. Buena ventilación, que te permita respirar aire puro.

4. Que no tenga distracciones visuales.

5. Muebles suficientes y cómodos; mesa y asiento (debemos sentarnos correctamente en posiciones alternativas). Un mueble para guardar los libros y útiles de estudio.

Nunca te pongas la ropa para dormir cuando estudies, y mucho menos te metas en la cama, pues no tardarás mucho en quedarte dormido.

LECTURA EFICAZ

Postura correcta

Postura incorrecta

Causa distractora	Medida correcta
Tener revistas en el escritorio	Colocarlas en otro lugar
Ruido de radio o televisión	Apagar los aparatos
Ambiente incómodo	Hacer cómodo el ambiente
Aire pesado o falta del mismo	Ventilación
Divagar o soñar	Hacer trabajo manual o caminar
Estar tenso o preocupado	Eliminar las preocupaciones
Estar físicamente cansado	Descansar antes de estudiar
No entender las palabras	Consultar un buen diccionario
Ser vencido por el sueño	Dormir o pasearse un poco
No tener interés en el estudio	Pensar y encontrar motivos
Antipatía por el profesor	Estudiar para sí mismo
Textos aburridos	Buscar otros, que sean atractivos
No saber estudiar	Que alguien te enseñe a estudiar
Mucha bulla en la casa	Buscar un lugar aislado en la casa

La mesa y la silla de estudio

Si dispones de una habitación para estudiar, eres privilegiado. El aposento familiar proporciona una atmósfera adecuada y estimulada al estudio. No siempre es fácil encontrar el ambiente deseado. Es conveniente adaptar un rincón de la habitación para realizar el trabajo teniendo en cuenta lo siguiente:

1. *Distracciones auditivas*: Conversación, radio, televisión, ruido exterior, etc.

2. *Distractores visuales:* Televisión, carteles de artistas predilectos, trofeos, etc.

Los objetos citados compiten de manera significativa con nuestras intenciones de estudiar, debido al poder reforzante de éstos sobre muchas personas —ya que mirarlos provoca revivir recuerdos o soñar despiertos.

Referencia:
Arista M., Gildomero, *Aprendamos a estudiar*, Alter & Nos, Lima, 1995, pp. 34-35.

Como podrás observar, el estudio implica poner atención en el contenido de tu materia, es decir, concentrar nuestros ojos, y todos nuestros sentidos, en lo que se encuentra escrito en un libro, un cuaderno de notas o cualquier otra fuente de información.

3. *Desorganización*

A la falta de control sobre uno mismo y los objetos que nos rodean podemos llamarla desorganización. Y precisamente es esta situación la que no nos permite encontrar las notas que tenemos que revisar, la que nos impide empezar a estudiar porque no tenemos lápiz; la que provoca un sinnúmero de problemas porque tenemos recursos deficientes o un número excesivo de los mismos, lo cual es contraproducente.

Otro caso de desorganización es el descuido de las condiciones ambientales de temperatura y ventilación. Todos sabemos que una habitación demasiado fría o muy caliente interferirá en la concentración y las intenciones de estudio. En conclusión, cuando decidas estudiar, sólo realiza esa actividad. Evita las distracciones y prepara las condiciones adecuadas.

Un ambiente desorganizado y mal ventilado interferirá en tu concentración.

CONDICIONES ADECUADAS PARA ESTUDIAR

- El escritorio o mesa debe colocarse preferentemente contra una pared desnuda, y sobre ella no habrá fotografías u otros objetos que distraigan.

- Los libros u otros materiales que se utilicen para el tema de estudio deben tenerse en el escritorio o mesa.

- La luz, tanto natural como artificial, alumbrará por encima de los hombros o por detrás de éstos, pero de ninguna manera sobre su propia sombra.

- La silla deberá ser de una comodidad razonable.

Referencia:

Díaz Vega, José Luis, *Aprende a estudiar con éxito*, Ed. Trillas, pp. 71-73, 86.

La iluminación

El cuarto de estudio debe ser adecuado; la luz estar bien distribuida, sin resplandores ni contrastes agudos de luz y sombra. La iluminación se mide por metro cuadrado: Un foco de 100 watts puede iluminar adecuadamente una habitación de alrededor de 3 m × 2.75 m, aunque será difícil leer una letra pequeña, griega o el álgebra.

Una buena distribución de luz para evitar los resplandores requiere dos tipos de iluminación: *1)* directa y *2)* indirecta. El primero es el que comúnmente utilizamos como luz fija y que cuelga del techo; por lo general los resplandores que produce tienden a empañar parte del campo visual. En la iluminación de tipo indirecta todas las luces van hacia el techo y a la parte superior de las paredes, desde donde se difunde por la habitación.

Es el caso de una lámpara que cuelga con un reflector opaco debajo de la bombilla (o foco). Mediante la iluminación indirecta se obtiene una mejor distribución de la luz, es uniforme y se evitan los resplandores.

Con un criterio práctico debemos utilizar una luz indirecta para la iluminación general, y una lámpara no debe tener una pantalla opaca, porque produce sombra. Es más recomendable una lámpara corriente semitransparente y ubicarla en la parte superior de la mesa a unos 60 cm, enfocando el material de trabajo.

¡Esto no!   **¡Esto sí!**

La temperatura

A nuestro organismo no sólo le afecta el aire viciado, sino también la temperatura. Ésta influye en el estudio, sobre todo en periodos prolongados. La temperatura recomendable para el trabajo intelectual es de 15°C a 22°C. Sin descartar la adaptabilidad que tiene nuestro organismo, el estudio en condiciones extremas de calor o frío implica verdaderamente mayor esfuerzo y malestar.

¡Aunque no es para tanto!

Utilizar la calefacción produce ambiente cerrado y mal ventilado, salvo que la estufa lleve un ventilador. Lamentablemente la calefacción en nuestro medio tiende a ser cara y no está al alcance de las mayorías. Las estufas de petróleo son más baratas, pero producen ambientes mal ventilados o malolientes. Cualquier forma de calefacción seca el aire, afectando la piel y los conductos respiratorios por la pérdida de humedad, lo cual genera molestias.

Planea tu horario por adelantado

Haz un horario o lista del tiempo de estudio
¿Por qué debe uno hacer una lista o distribución del tiempo de estudio? ¿Por qué no usar todo el tiempo para estudiar?

Pues bien; como tú mismo podrás ver, una distribución del tiempo de estudio, vale su peso en oro. Piensa en lo que esto significa —no más carreras locas para preparar un trabajo escolar, no más nervios en el estómago en tiempo de exámenes—. Te sentirás libre de la preocupación de haber dedicado demasiado tiempo a una materia a expensas de otra y, además, te sentirás protegido de los "diabli-llos" flojera y holgazanería. Te acostumbra-rás a estudiar en un horario determinado. Estarás dispuesto a estudiar cierta mate-ria durante un tiempo determinado. Se te formará el hábito de concentrarte y no sucumbirás fácilmente a la distracción y a las atracciones externas.

Nadie puede negar el orgullo y la sa-tisfacción personal que produce un trabajo bien hecho y realizado a tiempo. Y es más agradable aun cuando uno puede hacerlo con un horario bien planeado y sin obstáculos.

Así, créelo, o no, te estás preparando para el futuro. En el mundo en que vivimos tienes que ser capaz de planear tu tiempo inteligentemente.

Te darán un plazo fijo para realizar un trabajo que esperan harás bien y acabarás a tiempo. En cualquier empleo necesitas ser rápido y puntual, cualidades que significan no sólo éxito en el mismo, sino progreso. Así que, hacer y seguir un horario de estudio hoy, significa que sabrás adap-tarte y podrás progresar en cualquier trabajo el día de mañana.

Algunas semanas tendrás que dejar lugar por adelantado, en tu ho-rario, para informes sobre libros, de laboratorio, temas orales, exámenes y pruebas semestrales. Para estas tareas necesitas usar parte del tiempo de estudio destinado a la materia o materias en cuestión por uno o más días. Procura distribuirlo de manera que no nece-sites quitarle a tus materias mucho del tiem-po de estudio que les has destinado.

Necesitarás hacer una revisión de tu ho-rario para las 2 o 3 últimas semanas del se-mestre. Podrías usar lápices de colores (un color distinto para cada materia) para anotar sesiones de repaso en el mismo.

La revisión de tu horario debes hacerla en tal forma que duermas lo su-ficiente desde muchas noches antes del exa-men. Necesitas sentirte y estar bien descansado en los días de pruebas.

Primer paso para preparar el horario de estudio

Lleva un registro de todas tus actividades de una semana normal. Asegúrate de incluir el tiempo de estudio para cada materia. Te puede ayudar el modelo que encontrarás a continuación, pero necesitas hacer tu propio registro con una línea por cada hora.

«El tiempo es oro»
¡Aprende a administrarlo!

Registro de las actividades de la semana

Horas	Actividades						
	lunes	martes	miércoles	jueves	viernes	sábado	domingo
24-05							
05-06							
06-07							
07-08							
08-09							
09-10							
10-11							
11-12							
12-13							
13-14							
14-15							
15-16							
16-17							
17-18							
18-19							
19-20							
20-21							
21-22							
22-23							
23-24							

NOTA: Quizá prefieras usar divisiones de media hora en vez de horas o te parezca mejor dividir tus horas escolares según el tiempo que dedicas a cada materia. Esto te puede causar algunas dificultades, no serias, para el horario de sábados y domingos.

Segundo paso en la preparación del horario de estudio

Después de haber completado tu anotación de las actividades de la semana, copia la tabla de abajo y llénala con las informaciones de tu registro. Necesitas pensarlo muy bien antes de llenar las seis últimas columnas.

Toma en cuenta que:

- Nosotros hemos llenado la columna "dormir" como el ejemplo, pero tú debes llenarla según tu registro.

- La última columna no debe sumar más de 168 horas; es el total en una semana.

- El promedio de estudiantes de secundaria necesitan, por semana, de 15 a 18 horas de estudio (escuela y hogar).

- Debes anotar con toda exactitud el tiempo empleado "tomando refrescos" o "charlando".

Registro de actividades								
ACTIVIDADES	Total h/ semana	Promedio h/día	Necesito + tiempo	Tiempo correcto	Necesito - tiempo	Tiempo a añadir/día	Tiempo a restar/día	Total h /semana
Dormir	49 horas	7 horas					1 hora	56 horas
Aseo personal								
Comidas								
Clases								
Estudio en la escuela								
Estudio en casa								
Distrac. y ejerc.								
Trabajo (casa u otro)								
Act. Sociales								
Otros detalles								

Tercer paso en la preparación del horario

Ahora se te presenta el verdadero trabajo: hacer tu horario de estudio. Usaremos como guía, pero no en forma rígida, el registro de tus actividades de la semana y la tabla que ya habrás llenado y tendrás a mano. Necesitarás preparar en blanco un registro igual que el de actividad de estudio ¿ya lo tienes hecho? Muy bien; empecemos, pues:

Aquí tienes unas cuantas indicaciones:

● Llénala, para la semana, con el tiempo que necesitas para:

    1. Dormir (sueño).

    2. Comer (desayuno, comida, merienda y cena).

    3. Aseo personal.

    4. Actividades fijas (clases de Historia, Geometría, Música, Práctica musical, trabajo complementario, labores domésticas).

    5. Materias para estudiar en la sala de estudio (Inglés, Francés).

        a. Tanto como te sea posible, procura usar las horas de estudio de hoy para preparar las asignaturas de mañana. Es mejor llevarse el trabajo no terminado para acabarlo en casa y usar las salas de estudio de primera hora de la mañana para repasar o trabajar en proyectos a largo plazo.

        b. La materia más difícil requiere que le dediques más tiempo; puedes planear estudiarla en la escuela y la casa o sólo en ésta.

● Pon en tu registro las tareas para hacer en el hogar:

    1. Los horarios para el estudio en casa no pueden ser todos iguales porque los estudiantes tampoco lo son. El tiempo de estudio que dedicas a una materia depende de tus aptitudes generales y del tipo y problemas de las materias dadas como tarea. Consulta tu tabla y ella te indicará el tiempo que necesitas para la tarea.

    2. Haz el horario de estudio en casa para cuando puedas trabajar mejor —no para cuando hayas agotado tus energías.

3. Señala un tiempo fijo para el estudio de cada materia, y así debes indicarlo: "Estudio de Álgebra", "Estudio de Biología".

4. Estudia las materias más difíciles cuando estés más descansado.

5. Combina el tipo de materias —no pongas juntas dos muy parecidas, tales como geografía e historia.

6. Al fijar los periodos de estudio en casa, procura que cada uno tenga duración razonable y moderada. Un cortísimo tiempo de reposo debe separar cada periodo, de manera que no pierdas tu disposición para estudiar. Por ejemplo, puedes fijar periodos de estudio de 1/2 hora a una hora, con 5 o 10 minutos de descanso entre uno y otro.

7. No hagas tu horario de modo que te obligue a trabajar muy de prisa. Estarías siempre corriendo y, además, preocupado por no trabajar con bastante rapidez.

● Escribe tus actividades para completar así tu registro.

1. Planea diversiones, ejercicios y actividades sociales tan cuidadosamente como tus horas de estudio.

2. Puedes fijarte un periodo de recreo como recompensa por haber cumplido con tu horario de estudio. Pero si no hay estudio, no hay recompensa.

El tiempo y el lugar propios para estudiar, y nada más, proporcionan los mejores resultados.

Ya estás listo para el examen. Durante una semana, sigue tu horario y no hagas más cambios que los relacionados la con falta de tiempo. No será fácil, pero no te desanimes, sobre todo al principio. Lleva tiempo romper viejos hábitos y crear nuevos. Empieza con el propósito: "Voy a llevar eso a cabo". Interrupciones y contratiempos que no puedes prever interrumpirán tu horario, pero no te enfades. Vuelve a él tan pronto como te sea posible.

Cuando tu registro semanal de actividades parezca satisfacer tus necesidades (debes haberlo probado dos o tres semanas), sigue con él hasta formar un hábito. Los hábitos regulares no son tan difíciles de formar —y con ellos te sentirás sorprendido y satisfecho—. Para ayudarte a recordar tu registro, pon una copia de él, o por lo menos de tu horario, encima de tu mesa de trabajo y pega otra copia en tu libreta de apuntes.

Plan diario

La mente, con su poder de dirección y expansión de los horizontes morales y espirituales de su poseedor, orienta sus energías vitales y su empleo en el momento más adecuado para la consecución de los objetivos propuestos.

Estos objetivos, tan ambiciosos a veces, hallan su concreción por medio de la inteligencia que planea previamente los pasos para alcanzar la meta deseada.

De la misma manera en que el arquitecto diseña, calcula y programa todos los trabajos a realizar antes de comenzar la construcción de un edificio, también nosotros debemos planear las tareas a cumplir durante el día y llevar a cabo ese plan sin ceder a estados de ánimo que constituyen la mayor pérdida de tiempo.

Al comenzar el nuevo día, o en la noche anterior si te fuera posible, debes trazarte el itinerario que debes cumplir, con las horas a emplear en cada tarea. Tu trabajo no tiene por qué ser afanoso y pesado, y esto sólo lo conseguirás por medio de la distribución correcta de tus fuerzas con relación directa a la importancia de cada paso que debes dar y del tiempo de que dispones.

En la distribución de tus horas diarias habrá una, o quizás dos, que dedicarás a tus estudios y ejercicios de memoria y agilidad mental. Se ha comprobado que las más propicias son aquellas que prosiguen al despertar.

En tu ambiente de estudio todo debe resultarte adecuado. Desde la silla y la mesa hasta la luz deben ser apropiadas para hacer más fácil tu concentración. El ritmo de trabajo será constante, sin interferencias de ninguna índole, y unos minutos de descanso constituirán el premio, no al esfuerzo realizado, sino al adelanto experimentado. Durante el resto del día, en todas las actividades que realices, tratarás de emplear los conocimientos adquiridos. Los resultados que así obtengas constituirán el estímulo para seguir adelante.

La vida de los hombres que se destacan en sus actividades es más uniforme, metódica y juiciosa que intensiva. La tónica dominante de sus respectivos caracteres ha sido continuidad de un mismo espíritu directivo al cual han subordinado toda otra aspiración. Tu esfuerzo cotidiano no es nunca desmesurado sino regulado, sereno y hábilmente repartido.

A continuación detallaremos algunos conceptos que, de acuerdo con la actividad diaria que desarrolles, te servirán de guía para su mejor realización.

Si estudias, recuerda siempre que el éxito en el estudio no sólo depende de la inteligencia y el esfuerzo, sino también de los métodos que se emplean. De una forma aproximada, las diferencias entre los individuos, en cuanto a su capacidad de estudio se refiere, se establecen de acuerdo con los siguientes porcentajes de posibilidades:

Inteligencia y facultades especiales	50% a 60%
Actividad, plan de trabajo y métodos de estudio	30% a 40%
Suerte y factores ambientales	10% a 15%

Si analizamos estos guarismos en su orden de importancia veremos que es imprescindible tener inteligencia para desarrollar con éxito un programa de estudios. Pero notamos que es esencial desarrollar un plan preconcebido y emplear métodos adecuados a cada materia.

En términos generales podemos encontrar entre los estudiantes tres métodos de estudio.

1. La simple lectura repetida.

2. El subrayado en el texto de los puntos principales y los detalles más importantes.

3. La lectura y el apunte de breves notas esquemáticas.

En investigaciones realizadas se ha encontrado que el método 3 resulta ser el mejor. Por supuesto, no todas estas investigaciones muestran una evidencia igualmente válida, pero sí lo fue en los casos en que el estudiante acostumbraba a leer el texto primero, a fin de captar el sentido general, y posteriormente redactaba notas con sus propias palabras. Se comprobó además, que el éxito del sistema dependía en todos los casos de la habilidad y experiencia en la redacción de esas notas.

Dijimos que no todas estas investigaciones muestran una evidencia igualmente válida. Esto se produce a raíz de la dificultad de poder situar los hábitos de estudio que distinguen a los estudiantes buenos de los deficientes. Sin embargo, con el resultado de estas investigaciones, se ha confeccionado un cuestionario que ha sido considerado como bueno para todos los alumnos. Verifica este cuestionario y compara su actuación con la del estudiante ideal.

CUESTIONARIO

	Preguntas	SÍ	NO
1.	¿Tienes un plan de trabajo para cada día?	√	
2.	Si es así, ¿te ajustas a él?	√	
3.	¿Te cuesta disponerte a estudiar?		√
4.	¿Concluyes el estudio en el tiempo fijado?	√	
5.	¿Encuentras interesante tu trabajo?	√	
6.	¿Participas en los coloquios de clase?	√	
7.	¿Intentas situarte en los últimos asientos de clase?		√
8.	Cuando se te presenta una duda, ¿consultas a tu profesor?	√	
9.	¿Das una ojeada preliminar antes de estudiar un capítulo?	√	
10.	¿Omites reparar en los gráficos de tu lectura?		√
11.	¿Ordenas tus apuntes por materia?	√	
12.	¿Tomas apuntes en clase en forma esquemática?	√	
13.	¿Acostumbras hacer diagramas o cuadros como resumen de las materias que estudias?	√	
14.	¿Tienes dificultad en expresarte por escrito?		√
15.	Si se te presenta un examen imprevisto, ¿prefieres suspenderlo a tener una nota baja?		√
16.	¿Estudias hasta altas horas de la noche?		√
17.	¿Haces la mayor parte del repaso la noche anterior al examen?		√
18.	¿Duermes lo suficiente?	√	
19.	¿Tienes horas determinadas de distracción?	√	
20.	¿Tu mesa conserva siempre un espacio limpio y ordenado de unos 50 cm × por 100 cm?	√	

EJEMPLO DE UN PLAN DE ACTIVIDADES

Nombre: _____   **Fecha:** _____

Hora	lunes	martes	miércoles	jueves	viernes	sábado	domingo
06-07							
07-08							
08-09							
09-10							
10-11							
11-12							
12-13							
13-14							
14-15							
15-16							
16-17							
17-18							
18-19							
19-20							
20-21							
21-22							
22-23							

Nombre: María Eugenia González Vázquez   **Fecha:** febrero de 2003

Hora	lunes	martes	miércoles	jueves	viernes	sábado	domingo
06-07	Des/Trans	Des/Trans	Des/Trans	Des/Trans	Des/Trans	Sueño	Sueño
07-08	Química	Química	Química	Química	Lab. Quí	Sueño	Sueño
08-09	Física	Física	Física	Física	Lab. Quí	Des/Tare	Aseo/Des
09-10	Fisiología	Fisiología	Fisiología	Fisiología	Est Física	De Hogar	Descanso
10-11	Psicología	Psicología	Psicología	Psicología	Des/Est p	Descanso	Paseo
11-12	Matem	Matem	Matem	Matem	Est Quím	Bañar Mas	Con
12-13	Prob. S.E.	Prob. S.E	Prob. S.E	Prob. SE	Lab Física	Aseo Pers	La
13-14	Jugar Vol	Jugar Vol	Jugar Vol	Jugar Vol	Lab Física	Salir con	Cine
14-15	Transp.	Transp.	Transp.	Transp.	Transp.	Amigos	Comida
15-16	Com/Sies	Com/Sies	Com/Sies	Com/Sies	Com/Sies	Comida	Comida
16-17	Est. Física	Est. Mat	Est. Física	Est. Mat	Est. Mat	Siesta/Tr	Cine
17-18	Est. Psic	Es Pro Se	Est. Psic	Es Pro Se	Es Pro Se	Cita con	Cine
18-19	Descanso	Descanso	Descanso	Descanso	Descanso	Dentista	Cine
19-20	Est Quí	Est Física	Est Quí	Est Física	Est Quí	Cena	Cafetería
20-21	TV/Cena	TV/Cena	TV/Cena	TV/Cena	TV/Cena	Salida	Regreso
21-22	Aseo Per	Aseo Per	Aseo Per	Aseo Per	Aseo Per	Amigos	A casa
22-23	Sueño	Sueño	Sueño	Sueño	Sueño	Discoteca	Sueño

Actitud correcta sobre tus estudios y la manera de estudiar

Seguramente has oído: "No me gusta tu actitud" y probablemente no te agrada la persona a la cual no le gustó tu comportamiento. No obstante si tus creencias y sentimientos sobre los estudios y manera de estudiar no son correctos, puedes olvidar las SUGERENCIAS anteriores sobre cómo mejorar tus habilidades para estudiar. Las actitudes correctas son el principio sobre el que se basan todas ellas.

- Elimina los ruidos que puedan distraerte. Selecciona un cuarto apartado de lugares de reunión, tales como la sala, el patio, el cuarto de juegos, etc.

- Sé organizado, selecciona el material que vas a estudiar. Es muy importante que tengas ordenados tus libros de referencia y material de estudio.

- Organiza tus instrumentos de estudio, teniéndolos a la mano cuando los necesites.

Siempre hay que estudiar

No debes dejar de estudiar cuando termines la secundaria, ni cuando concluyas la Universidad. No debes dejar de estudiar a lo largo de tu vida.

Acepta este hecho porque así es. Por ejemplo, más tarde estudiarás los anuncios de los periódicos, recetas, patrones de vestidos, pólizas de seguros, reportajes, guías de libros y obras sobre tu pasatiempo favorito. No te hará ningún bien que te digan que si no sabes cómo estudiar ahora, ya lo aprenderás cuando lo necesites. Cuando se adquieren malos hábitos, éstos continúan estorbándote y será muy difícil corregirlos luego.

Decídete entonces, a adoptar la actitud correcta para estudiar y hacia tus estudios.

Conseguiré interesarme y me mantendré interesado

Algunos estudiantes —también algunos adultos— tienen ideas equivocadas sobre lo que les interesa. Algunos piensan que las personas nacen con intereses determinados, como si, mirando a un recién nacido, pudiesen decir que tiene, o no, este u otro interés. Otros estudiantes consideran que la primera vez que se encuentran con un tema, enseguida se sienten interesados por el mismo o les es indiferente. Algunos estudiantes se sientan en clase con la actitud de que es el maestro el que debe motivarlos con su trabajo. Si hay falta de interés es "culpa del maestro", esa es su manera de disculparse.

Manténte alejado del mayor número posible de distracciones —aquellas que te rodean, como ruidos, luces brillantes, conversaciones—, de aquellas que están en ti como cansancio, malestar estomacal por exceso de comida y vista cansada, y de aquellos pensamientos que no guardan relación con lo que estás haciendo. No podrás eliminar todas las distracciones que te rodean, como el tic tac del reloj de pared o el canto de los grillos, por lo que deberás acostumbrarte a ellos.

La mayoría de las distracciones que provienen de malas condiciones físicas pueden superarse, como ya sabes. Debes esforzarte en ignorar las ideas extrañas que procuran absorber tu atención. Si te acuerdas de algo que debes hacer más tarde, anótalo en un bloc para que no se te olvide y no te preocupes por ello hasta después. Naturalmente, si es algún problema personal urgente, afróntalo enseguida y trata de resolverlo lógicamente; si no puedes resolverlo por ti mismo, pide ayuda a las personas que tengan autoridad moral para darte un consejo sensato e inteligente.

Nota cuándo tu mente está dispersa y cuándo regresa sobre el trabajo. Averigüa por qué se escapa tu atención y decide que no deseas volver a desviarte. Anota las veces que tus pensamientos se desvían y trata de reducir el número de veces que esto suceda durante el estudio. O bien, detente de repente mientras lees y pregúntate qué acabas de leer —si lo puedes decir, es que estabas concentrado.

Otras sugerencias para concentrarse han sido mencionadas en capítulos anteriores. Además de tratar las condiciones adecuadas para el estudio y la capacidad física, hemos destacado la necesidad de comprender el material de trabajo y las palabras, de variar tus formas de estudio, de trabajar con límites de tiempo (y de vez en cuando con un poco de premura) y de leer con una actitud crítica, preguntando y evaluando lo que se lee.

Debes poner un interés activo en las materias de estudio —que debes desarrollar activamente—. ¿Cómo?

Consigue información sobre el tema. ¿De qué debe tratar? ¿Qué nueva información o habilidad tendrás cuando completes el trabajo? ¿Alguno de los apuntes se relaciona más o menos con tus intereses actuales? Más importante aun, ¿cómo puede este tema tener valor o significado para tus anhelos y aspiraciones futuras? No te dañaría escribir lo que piensas ganar en personalidad con cada curso o materia, pero de una manera concreta, no vaga.

Especialmente al comenzar a estudiar una materia y en los primeros meses, dedícate a ella y trabaja, ponle atención esmerada para encontrar los puntos de interés para ti. Si no los encuentras enseguida, sigue buscándolos, participa activa y entusiastamente en la clase —recita, manifiesta tus puntos de vista, discute, toma notas, haz lo que se te asigne. No permanezcas sentado esperando a que se despierte tu interés o a que llegue la hora de salida.

Ten éxito desde el principio del curso. ¿Eres un buen trabajador? Si es así no perderás interés en la materia. ¿Bailas bien? Entonces, suponemos, no te aburrirá el baile. Pasa lo mismo con una materia —la satisfacción que acompaña al éxito despierta y mantiene el interés.

Cuando ya has conseguido el interés, ¿cómo lo conservas? Bien; relaciona la información que obtienes, no sólo con tus intereses pasados y tus conocimientos, sino con tu vida presente y tus finalidades futuras. Sé un elemento activo en la clase. Manten el éxito, y lo más importante de todo: usa constantemente lo que aprendes, lo mismo en la escuela que fuera de ella.

Emplea tus propias palabras. No trates de anotar textualmente lo que dice el maestro, pero cerciórate de que esté bien escrito.

- *Fechas.*
- *Fórmulas.*
- *Términos técnicos.*
- *Nombres propios.*

La atención en el estudio

> Para recordar un acontecimiento,
> ¡hay que haberle prestado atención!

La atención es la función —y a la vez tarea— de la mente, por la que ésta dirige sus esfuerzos hacia un objeto determinado para percibirlo mejor.

Es la concentración y localización de la conciencia con el fin de percibir un objeto más nítido y preciso.

Por medio de la atención, la mente tiende a excluir de la conciencia todos los elementos extraños a una determinada idea que le está interesando y ocupando en ese momento, para dedicarse a ella exclusivamente.

La atención produce, como suele decirse con sentido figurado, un foco de conciencia dirigido a cierta dirección; foco que tiende a aumentar la claridad, el vigor, la vivacidad, prominencia e insistencia de las ideas u objetos de pensamientos, de los que la mente se ocupa preferentemente en ese momento.

Su intensidad no es igual en todo el tiempo de duración. Se conocen las llamadas oscilaciones o fluctuaciones de la atención. Sólo cuando el foco de conciencia cambia de dirección se interrumpe la atención, que se fija en el otro objeto elegido por la mente, con exclusión del primero. Deducimos así que la atención está bajo el dominio de la conciencia y sólo las mentes debidamente ejercitadas pueden sostenerla sin interrupciones durante largos periodos. Esta es una de las condiciones de la genialidad humana.

La atención unitaria excluye la posibilidad de una atención múltiple, o sea la de atender simultáneamente varias ideas o cosas a la vez. Por una parte aporta mayor claridad, vigor y vivacidad a aquello que está en su foco, y por otra rechaza o inhibe todo lo que es extraño a la idea u objeto que la está ocupando momentáneamente.

De sus numerosas divisiones interesa, para los fines de este curso, la que se refiere a la atención espontánea y a la atención voluntaria.

La atención espontánea depende de la presencia en la percepción o en el pensamiento, de ciertos objetos privilegiados que la atraen sin esfuerzo alguno. Merced a ello el hombre sostiene la mayor parte de las formas fecundas de la actividad creadora. La atención espontánea se dirige hacia los gustos personales y la vocación. Es intuitiva; no depende de la iniciativa del sujeto. Podríamos decir que llega de afuera, es necesario un esfuerzo para hacerla cesar y dirigirla hacia otros objetos.

La atención voluntaria se establece y se mantiene por un esfuerzo de voluntad. Cesa por sí misma cuando este esfuerzo decae. Depende de la iniciativa propia. Es la atención que dirigimos a un objeto cualquiera, que no nos atrae por sí mismo, sino simplemente porque así lo hemos decidido.

Cuando ejecutamos una tarea o estudiamos una materia que nos agrada e interesa sobremanera, la atención se queda fija en ella sin esfuerzo de nuestra parte. Pero si sucede lo contrario, y tenemos que hacerlo por obligación, nos cuesta un enorme esfuerzo mantener la atención en el trabajo que estamos realizando. Es sumamente importante pues, tratar de que dichas tareas despierten en nosotros, lo antes posible, los intereses primarios para que éstos a su vez provoquen la atención espontánea, cuyas bondades y ventajas son obvias.

La distracción dispersa la atención, disminuye su intensidad y su fuerza. La distracción, podríamos decir, oscurece la claridad de la atención, pero no la interrumpe. Lo que ocurre es que la atención en ese momento se divide entre la dirección preferida, elegida al principio, y el objeto que la atrae. Si esta dirección persiste, puede producir la fuga de la atención en dirección al nuevo objeto que aparece en la mente y entonces seguiremos atentos, pero en un sentido completamente distinto al que nos habíamos propuesto, y su efecto sobre la memoria será suspender la fijación y retención de los conceptos, que luego serán imposibles de recordar. Es por ello que debemos combatir las distracciones, pues entorpecerán nuestro trabajo.

La atención debe estar concentrada en un solo objeto para que podamos sacar un máximo de beneficios. La concentración no es una facultad distinta, sino depende del control de la atención. Se está concentrado en algo cuando se mantiene el foco de la atención insistentemente y sin interrupción alguna sobre el objeto, idea o pensamiento.

El cerebro recibe continuamente, a través de los sentidos, infinidad de informaciones, pero sólo somos conscientes de una pequeña parte de ellas; la mayoría no nos interesa, pero nos perturba cuando estamos realizando un trabajo determinado. Al estudiar, por ejemplo, hay que atender sólo a los símbolos verbales o gráficos, a los significados asociados y al proceso del pensamiento, dejando de lado todo lo demás.

Los estímulos nuevos e inesperados llaman la atención y producen distracciones; por eso el ambiente de trabajo debe ser adecuado y sin mayores variantes en cuanto a los estímulos, para que no se produzcan fugas de la atención.

La primera condición necesaria para el desarrollo de la memoria y la agilidad mental, es mantener en el espíritu el deseo de mejorarlas. Es preciso para ello tomar la determinación de trabajar diariamente en diversos ejercicios y esforzarse en pensar de cierta manera. Para esto la disciplina mental bastará por sí sola, tan poderoso es su efecto directo sobre la memoria. Ello le permitirá disociarse, en el momento del estudio, de todas las impresiones exteriores y de los múltiples incidentes que lo soliciten.

Cuando todo el campo de la conciencia está acaparado, el registro se produce con fuerza y sin omisión ni error. La atención es así el buril que graba el recuerdo en la memoria; manejarlo sin distracción asegura la formación de recuerdos precisos e inalterables.

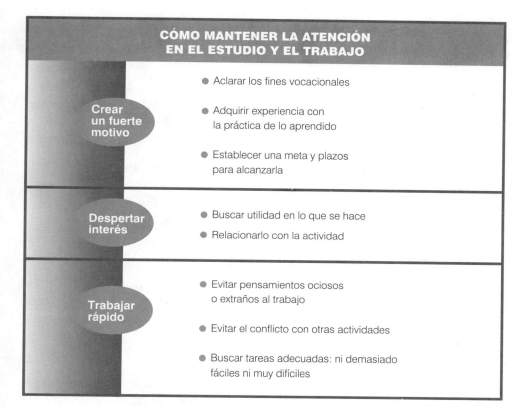

Veamos ahora cómo puedes aumentar tu poder de atención.

1. **Acostúmbrate a no permitir que ideas ajenas a lo que estás tratando invadan tu cerebro**. Recházalas inmediatamente. Las distracciones vanas son frecuentes en quienes aún no han adquirido el hábito de vencerlas, pero poco a poco, a medida que las evites, estas distracciones aparecerán más espaciadas hasta que llegará el momento en que ninguna interferencia te distraerá del estudio.

Siempre refiriéndonos al estudio de este curso, cuando te des cuenta de que has perdido el hilo de tus pensamientos, comienza nuevamente el capítulo. Presiona el regreso de tu pensamiento sobre lo que estabas estudiando y proponte no dejar decaer tu atención.

2. **No es recomendable leer en la cama hasta quedarse dormido**. Durante este periodo la atención disminuye poco a poco y eso acostumbra a la mente a dispersarse.

3. **Evita soñar despierto**. No podemos entrar en los detalles del peligro que eso representa, pero recuerda que soñar despierto hace perder la capacidad de atención. Es una desastrosa costumbre que se puede combatir teniendo siempre la mente puesta en algo preciso.

4. **Estudia en los momentos que te sea más fácil estar atento**. Cada persona tiene en el día un momento que le es más propicio para concentrar su atención en el estudio. Para la mayoría son las primeras horas del día, para aprovecharlo en el estudio y ejercicios de memoria y agilidad mental. Si es posible, no vaciles en aprovechar mejor esas horas.

5. **No deben llegar ruidos molestos hasta la habitación donde estudias**. Tal vez pienses que estás acostumbrado y que tales ruidos no te incomodan; sin embargo, te causan cierto cansancio porque tu mente necesita un mayor esfuerzo para concentrarse en esas condiciones.

El desarrollo del poder de la atención se encuentra a tu alcance en todas las cosas que haces, ves o escuchas. Practícalo tratando de concentrarte el mayor tiempo posible, sin permitir que tu pensamiento divague o se aleje de lo que te ocupa. Encáuzalo cada vez al motivo de tu interés. El empleo constante de esta técnica te abrirá el camino hacia el dominio de la voluntad y el poder de concentración.

Utilidad de la atención[3]

Un espíritu atento multiplica tus fuerzas de una manera increíble, aprovecha el tiempo atesorando siempre un caudal de ideas, las percibe con más claridad y exactitud y, por último, las recuerda con más facilidad, a causa de que con la continua atención éstas se van colocando naturalmente en la cabeza de una manera ordenada.

[3]   Balmes, Jaime, *El criterio*, Sexta edición, Ed. Crisol, Madrid, 1963, pp. 43-44.

Los que no atienden, sino flojamente pasean su entendimiento por distintos lugares a un mismo tiempo, aquí reciben una impresión, allí otra muy diferente, acumulan cien cosas inconexas que, lejos de ayudarse mutuamente para la aclaración y retención, se confunden, se embrollan y se borran unas a otras. No hay lectura, conversación o espectáculo, por insignificantes que parezcan, que no nos puedan instruir en algo.

Con la atención notamos las preciosidades y las recogemos; con la distracción dejamos quizá caer al suelo el oro y las perlas como cosa baladí.

Algunos creerán que semejante atención fatiga mucho, pero se equivocan. Cuando hablo de atención, no me refiero a aquella fijeza de espíritu con que ésta se clava, por decirlo así, sobre los objetos, sino una aplicación suave y reposada que permite hacerse cargo de cada cosa, dejándonos empero con la agilidad necesaria para pasar sin esfuerzo de unas preocupaciones a otras. Esta atención no es incompatible con la diversión y el recreo, pues es claro que el esparcimiento del ánimo no consiste en no pensar, sino en no ocuparse de cosas trabajosas y en entregarse a otras más llanas y ligeras.

Prueba de atención

Todas la letras deben ser E. Tacha los errores. Tiempo, un minuto.

```
E E E E E E E E E E E E E E E E E E E E E E E E E E E E
E E E F E E E E E E E E E E E E E E C E E E E E E E E E
E E E E E E E E L E E E E E E E E E E E E E E E E E E E
E E C E E E E E E E E F E E E E E E E E E E E E E E E L
E E E E E E C E E E E E E E E E E E E E E L F E E E E E
E E E E E E E E E E E E E E E E E E E E E E E E E E E E
E E E E E E E E E E E E E E E E E E E E E E E L E E E E
E E E E E E E E E E E E E F E E E E E E E E E E E E E E
E E E E E E E E E E E E E E E E E E E E E E E E T E F E
E E E E E E E E E E E E E E E E E E E E E E E E E E E E
E E E E E E E E L E E E E E E E E E E E E E E E E E E E
E E E E E E E E E E E E E L E E C E E E E E E E E E E E
E E E E E E E E E E E E E E T E E E E E E L E E E E E E
E E F E E E E E E E E E E E E E E E E F L E E E E E E E
E E E E E E E E E E E E E E E E E E E E E E E E E E E E
E E E E E E E E E E E E E E E E E E E E E E E E E E E E
E E E E E E E E E F L E E E E E E E E E E E E E E E E E
E E E F E E E E E E E E E E L E E E E E E C E E E E E E
E E E E E E E L E E E E E E E E E E E E E E E E E E E E
E E E E E E E E E E E E E E E E E E E F E E E E F E E E
E E E E E E E E E E E E E E E E E E E E E E E E E E E E
```

Número de errores tachados : ....
Menos el número de E tachados por ti : ....
Total : ....

Interpretación

26 - 30	Muy alta concentración
20 - 25	Alta concentración
15 - 19	Concentración media
10 - 14	Concentración media baja
5- - 9	Baja concentración
0 - 4	Muy baja concentración

Me concentraré

"No sé cómo concentrarme". ¿Has dicho esto alguna vez? No decías la verdad. Tú sabes cómo concentrarte en las cosas que te interesan, como deportes, juego de damas o música. En realidad concentrarse es controlar, dirigir y mantener la atención.

La concentración juega un papel importante en el estudio. Es posible aprender a concentrarse, y limitar los efectos de la distracción.

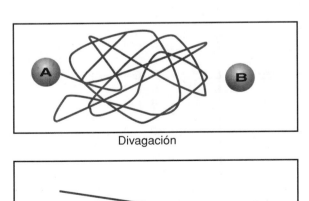

Divagación

Concentración

No se nace con intereses determinados. Éstos van desarrollándose como un hábito —y necesitas trabajar en ello—. Empieza con la idea de que deseas y puedes desarrollar tu capacidad de concentración.

Ejercicio de concentración

Subraya los números contiguos que al sumarlos den 10. Ejemplo 63860<u>91</u>8764.

Hazlo tan rápido como puedas y cuenta las marcas que hiciste. Un buen tiempo es 5 minutos y el total de marcas es 145. Trata de acercarte a esta meta tanto como sea posible.

```
A 2 9 1 4 7 8 5 6 3 9 4 6 8 8 3 1 2 3 4 5 6 7 8 9 8 6 5 4 3 7 1 3
B 2 8 7 6 5 4 3 2 1 9 8 7 6 5 4 5 1 4 2 1 5 2 1 6 2 1 7 8 1 9 2 8
C 1 2 3 4 5 6 7 8 9 1 2 3 4 5 6 7 1 3 2 1 6 3 1 7 4 6 1 3 1 2 4 2
D 3 3 4 6 7 3 8 2 9 1 4 5 6 7 3 4 9 1 2 9 9 1 2 3 1 9 7 6 1 9 0 6
E 5 3 9 8 2 7 7 6 6 7 5 3 7 0 9 8 8 0 2 9 3 8 2 0 8 2 4 6 6 5 3 4
F 2 0 5 6 7 3 7 6 6 7 5 3 7 0 9 4 5 5 0 5 5 3 3 5 5 4 4 6 5 5 0 5
G 6 4 3 2 8 9 7 6 3 7 8 2 0 9 3 8 2 4 5 7 8 6 4 0 1 8 2 5 8 6 4 0
H 7 6 5 5 4 7 4 4 4 6 6 8 8 3 1 3 4 5 1 7 8 9 1 3 1 4 1 5 6 1 2
I 3 2 3 2 1 1 2 3 1 2 3 5 4 3 7 8 2 3 9 2 3 7 3 2 6 3 2 4 3 6 7 6
J 9 8 7 9 8 7 7 6 7 8 2 6 7 6 5 7 0 1 9 8 6 8 6 8 4 3 2 8 9 6 1 5
K 1 9 8 6 3 8 2 6 4 5 5 9 1 8 8 4 3 2 4 5 6 8 3 4 5 6 8 3 4 5 6 7
L 2 4 6 8 2 4 6 8 3 6 9 1 1 8 1 9 4 4 5 5 5 6 6 6 6 7 7 7 7 7 3 8
M 8 3 6 5 9 1 7 2 3 7 5 9 4 3 7 6 7 7 6 6 5 5 4 4 3 3 2 2 1 1 9 9
N 9 1 8 2 7 3 6 4 5 5 8 1 8 3 7 2 9 1 0 8 2 0 7 4 5 6 7 8 9 2 3 4
O 2 7 3 4 8 5 5 6 4 7 2 3 7 8 8 2 6 7 7 5 6 7 5 6 7 5 6 4 5 3 4 2
P 6 3 8 6 0 9 1 8 7 6 4 3 8 2 9 2 8 7 6 5 4 6 3 4 3 5 4 3 2 3 2 1
Q 9 7 5 4 3 3 5 4 6 8 2 2 5 4 6 6 8 6 7 4 6 3 5 2 9 7 2 8 3 7 2 8
R 4 0 4 3 9 3 4 7 3 6 8 2 4 7 4 6 3 6 4 7 5 8 6 9 7 2 8 3 7 2 8 3
S 9 0 1 6 1 9 8 4 6 3 2 8 7 6 4 2 8 4 8 7 6 5 9 0 7 1 1 5 1 6 8 2
T 8 3 6 5 5 2 8 9 6 6 1 0 3 6 8 2 0 7 5 4 6 9 8 4 5 7 3 4 8 9 1 1
U 4 3 6 5 4 8 7 6 9 8 3 4 7 3 8 9 6 4 7 4 6 7 4 7 6 4 7 3 0 4 6 8
V 8 9 5 7 3 8 6 9 0 1 1 0 2 8 5 3 7 8 2 0 2 8 1 8 1 7 2 6 5 6 4 8
W 6 4 2 8 6 4 9 6 6 2 8 0 1 8 3 6 5 2 8 3 6 6 7 6 8 8 9 9 1 1 2 2
X 4 8 2 9 5 1 6 3 8 3 3 7 8 4 6 7 5 2 2 6 6 3 3 7 7 4 4 8 8 5 5 9
Y 6 2 4 8 2 7 4 6 3 8 9 6 1 9 2 8 4 8 3 2 8 4 5 5 9 1 8 2 6 3 7 9
```

Tiempo : _____   Total : _____

Ejercicios de la memoria

1. *Memoria visual, ejercicio de atención-concentración*

Observa las parejas que hemos formado con los números y letras. Compáralas con las que te presentamos después y tacha los emparejamientos que estén mal.

Modelo	0	1	2	3	4	5	6	7	8	9
	e	c	d	x	o	r	ñ	s	t	u

0	1	2	4	4	4	5	7	8	9	5	5	5	1	2	0
e	c	d	x	o	r	ñ	s	t	u	r	o	c	e	x	e

2	1	1	3	5	5	5	7	0	9	5	3	2	1	3	2
e	c	d	x	o	r	ñ	s	t	u	r	o	c	e	x	e

2	2	5	8	4	5	5	7	0	9	1	4	2	3	4	9
e	c	d	x	0	r	ñ	s	t	u	r	o	c	e	x	e

1	1	4	3	4	7	6	9	8	9	5	4	2	3	3	0
e	c	d	x	o	r	ñ	s	t	u	r	o	c	e	x	e

0	1	2	2	4	9	6	4	3	3	8	4	9	5	7	0
e	c	d	x	o	r	ñ	s	t	u	r	o	c	e	x	e

0	2	0	3	4	5	5	7	1	0	1	4	4	9	3	3
e	c	d	x	o	r	ñ	s	t	u	r	o	c	e	x	e

0	1	1	3	4	8	6	3	2	9	0	4	1	3	4	0
e	c	d	x	o	r	ñ	s	t	u	r	o	c	e	x	e

0	3	2	2	4	1	6	4	8	9	5	1	2	3	2	0
e	c	d	x	o	r	ñ	s	t	u	r	o	c	e	x	e

0	1	2	4	4	8	8	7	8	0	5	3	2	1	3	9
e	c	d	x	o	r	ñ	s	t	u	r	o	c	e	x	e

0	1	1	3	4	4	0	0	9	9	0	4	3	7	3	0
e	c	d	x	o	r	ñ	s	t	u	r	o	c	e	x	e

1	1	2	2	4	5	7	7	8	8	4	4	3	3	3	3
e	c	d	x	o	r	ñ	s	t	u	r	o	c	e	x	e

5	3	9	3	4	5	5	5	5	9	5	6	2	7	8	0
e	c	d	x	o	r	ñ	s	t	u	r	o	c	e	x	e

0	1	3	4	3	8	6	8	8	9	5	4	2	3	3	0
r	c	d	x	o	r	ñ	s	t	u	r	o	c	e	x	e

1	1	2	1	4	2	6	7	7	9	4	4	7	3	8	0
e	c	d	x	o	r	ñ	s	t	u	r	o	c	e	c	e

2. *Memoria visual, ejercicio de atención-concentración*

Observa el modelo. Compáralo con los que te presentamos después, y tacha los que no sean iguales a él.

modelo

Retenemos o asimilamos:

10% de lo que leemos

20% de lo que oímos

30% de lo que vemos

50% de lo que oímos y vemos

70% de lo que decimos nosotros mismos

90% de lo que hacemos

TIPOS DE APRENDIZAJE

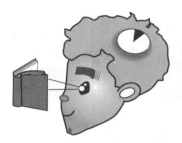

10% de lo que leemos

**50% de lo que oímos
y vemos simultáneamente**

20% de lo que oímos

**70% de lo que decimos
nosotros mismos**

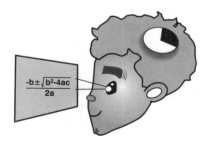

30% de lo que vemos

90% de lo que hacemos

Cómo aprovechar mejor el estudio

Sugerimos tener presentes las siguientes recomendaciones que ayudarán a mejorar los calificativos.

1. **Se debe estudiar en una habitación que reúna las condiciones indispensables para ello.** Por ejemplo: luz suficiente, buena ventilación, mobiliario adecuado y, sobre todo, silencio.

2. **Hay que formarse el hábito de estudiar en esa habitación.** Uno se puede divertir en cualquier otro sitio, pero no en el lugar dedicado al estudio. El lugar de estudio debe ser sólo de estudio.

3. **Mientras se estudia, la atención debe concentrarse en ello.** Es bueno habituarse al trabajo intenso. Hay quienes deciden estudiar, pero cuando ya se disponen a hacerlo, empiezan a divagar con su pensamiento, y el tiempo se les pasa. Falta decisión y voluntad.

4. **La mesa de estudio no debe tener objetos que puedan distraerte.** De igual manera, la radio y la televisión deben estar lejos del lugar de estudio.

5. **Antes de iniciar el estudio se debe reunir y ordenar los útiles o materiales que se van a emplear.** El estudio no debe comenzar si falta algún elemento de trabajo, porque el hecho de ir a traerlo cortaría la concentración.

6. **El estudio no debe interrumpirse sin razón valedera.** Es conveniente tener voluntad suficiente para postergar las diversiones.

7. **Por otro lado, es recomendable formular un horario que comprenda no sólo las horas de clase,** sino también los momentos de estudio en el hogar.

8. **Cuando se estudia deben señalarse objetivos precisos;** es conveniente relacionar las asignaturas con la vida personal, familiar o social. Estudiar sin objetivos no es estudiar.

9. **El estudio debe ser sistemático y durante todo el año.** Es saludable alternar el estudio con deporte.

10. **Luego de un trabajo intelectual** es necesario un descanso para que la mente se recupere. El mejor descanso no consiste en permanecer inactivo, sino en cambiar de actividad haciendo algo agradable, caminar, tomar aire puro, y así sucesivamente.

11. **Hay que esforzarse en comprender lo que se estudia.** Distinguiendo lo principal de lo accesorio; aprenderás a valorar el contenido de lo que lees.

12. **Nunca debes permitirte el acumulamiento de trabajo.** Hay alumnos que suelen dejar todo el estudio (o actividades) para el fin de semana, mes o año. En todos los casos es inadecuado. El estudio debe ser dosificado, al mismo tiempo que sistemático.

13. **Cada alumno debe saber utilizar sus instrumentos de trabajo,** por ejemplo, leer, dominar la técnica de hacer resúmenes, formular planteamientos, trazar esquemas, resolver problemas, solucionar ejercicios, elaborar cuadros sinópticos, sacar conclusiones, tomar decisiones, reunir y organizar datos.

14. **Es bueno crear hábitos de trabajo en horas y lugares determinados.** Quien sabe sistematizar su dedicación al estudio, hace lo propio con el trabajo.

15. **Al estudiar una lección, no hay que hacerlo pasivamente, sino reflexionando.** Por otro lado, al leer hay que formularse preguntas; es una manera de estimular el pensamiento. No hay peor hábito para el estudio, que leer pasivamente, sin pensar. Es preferible no leer.

16. **Para que haya concentración,** el lugar de estudio debe estar libre de elementos que provoquen distracción; a veces hasta los elementos más insignificantes perturban. Sin embargo, cuando hay deseo de concentración, no hay factor que lo impida.

17. **Los periodos de estudio menores de quince minutos** no dan buenos resultados, pues casi todo ese tiempo se dedica a entrar en materia. Tampoco es prudente amanecerse estudiando, ya que ese estudio no es productivo. Aunque el tiempo de estudio depende de diversos factores (apremio, resistencia física, voluntad, etc.), se suele recomendar de tres a cuatro horas, como lapso promedio, de dedicación.

18. **No aprender todo de memoria.** Dejar para ésta sólo lo indispensable. Lo demás debe ser ejercicio de razonamiento, de análisis, etc. Se debe estudiar resumiendo. Quien estudia leyendo y tomando apuntes graba mejor las ideas. Después de leer un capítulo o unas páginas, cerrar el libro y preguntarse qué se estudió. Leer para entender y entender juzgando.

19. **No pretender ser como el compañero (a).** Cada uno tiene sus propias aptitudes y dificultades. Lo importante es avanzar, progresar siempre.

20. **Hay que esforzarse en comprender lo que se estudia,** distinguiendo lo principal de lo accesorio; aprender a valorar el contenido de lo que se lee, reunir y organizar datos, etc.

Aprender a aprender

Por: Guillermo Michel

Memoria y atención

R ecordar acontecimientos, evocar experiencias vividas, retener lo aprendido para sacarlo a la luz cuando sea necesario. Esto es la memoria.

De aquí la importancia de no convertir nuestra memoria en basurero, sino en un depósito de riquezas intelectuales, experiencias profundas capaces de iluminarnos en el momento oportuno, como cuando nos encontramos en medio de una encrucijada y debemos escoger entre varias opciones de acción. Por tal motivo, las cosas importantes deben ser almacenadas con cuidado, con orden, con disciplina (…).

Las siguientes sugerencias podrán ayudarte:

1. *Trata de comprender:*

Cuando las cosas carecen de significado, de sentido para nosotros, es imposible recordar qué se dijo. De la misma manera, los conocimientos recientemente adquiridos pueden huir de nosotros si no tienen ningún significado vital. Por esta razón, es aconsejable agrupar hechos e ideas en un conjunto, en un sistema significativo.

2. *Repasa:*

Si no volvemos a repetir y a alimentar nuestra memoria, una y otra vez, corremos el riesgo de olvidarlo todo, con el simple paso del tiempo.

De aquí la necesidad que todos tenemos de repasar, sobre todo si somos "naturalmente" olvidadizos (nadie lo es; pero sin ser "naturalmente" olvidadizos, a los 20 minutos de haber aprendido algo nuevo, ya olvidamos el 42%, y a la primera hora, el 65%). En consecuencia, resultará muy útil un repaso de lo que deseamos aprender dentro de las once primeras horas (por ejemplo, repasar la clase de las 7 de la mañana, a las 7 u 8 de la noche). Un segundo repaso a las 48 horas. Un tercero, a la primera semana, y otro al mes. Periódicamente, sin embargo, más que hablar de repasar debería hablarse de re-pensar los conocimientos adquiridos. Es decir, hablando, discutiendo, escribiendo con las propias palabras lo que recientemente se escuchó, se leyó o se experimentó, y criticarlo para decir si se está de acuerdo o no, y por qué. Si únicamente asimilamos datos, información definiciones, lo que sea, a través de una memorización acrítica, irreflexiva, nunca nos apropiaremos de los conocimientos.

3. *Utiliza claves nemotécnicas:*
Es decir, desarrolla tu propio sistema de memorización, mediante el uso de palabras-clave, de símbolos visuales, que te permitan recordar conjuntos, párrafos o detalles importantes. Muchas veces, con sólo recordar unas pocas palabras-clave es posible reconstruir todo un capítulo, una conferencia o un libro.

4. *Programa el aprendizaje:*
Más vale estudiar 32 días durante 15 minutos, que 8 horas en un solo día. En otras palabras, estudia frecuentemente durante periodos cortos y no trates de aprender toda una materia en 24 horas. El estudio repartido a lo largo de los días es más eficaz que una sesión intensiva de 12 horas, con tal que no se dediquen 3 minutos diarios solamente; también cuenta la sensatez.

5. *Concéntrate:*
Descubre y suprime las causas de distracción: un radio a todo volumen, una telenovela, una idea parásita ("mañana a las 8:30 la (lo) voy a ver"), el temor, la angustia, la preocupación. Omite las interferencias, sintoniza bien tu "sistema de aprendizaje".

Prepárate para la vida, no para los exámenes

Uno de los mayores vicios de la vida escolar es estudiar la víspera de cada examen y presentarse al día siguiente con los ojos irritados por falta de sueño y la mente sólo aparentemente lúcida (…) Si te limitas a asistir a la escuela sólo para pasar de año u obtener un título, significa que tus conocimientos no irán más allá de resolver bien cuanta prueba te pongan frente a los ojos.

Sin embargo, tu paso por diversas instituciones educativas te obligará a presentar exámenes más o menos objetivos o problemáticos. Serán, por consiguiente, parte de tu vida. Pero únicamente una parte. La otra parte de tu paso por las aulas, consiste en prepararte para la vida: investigador, profesionista o lo que decidas hacer con ese manojo de tiempo que está a nuestra disposición por un lapso más o menos largo.

Prepárate, no para ir pasando uno tras otro los exámenes, sino para vivir una vida más plena, más productiva, más útil a nuestra sociedad. Y con seguridad no será así, si no estás bien preparado, bien capacitado, con hábitos arraigados de estudio, de pensamiento lógico, con habilidades suficientemente dominadas de análisis, de juicio crítico, entre otras cosas.

Dado que los exámenes son tan inevitables como la muerte o el pagar impuestos, a continuación se incluyen las siguientes sugerencias que te ayudarán a mejorar las habilidades para presentarlos en mejor forma "sin copiar".

1. Llega a cada examen, seguro de tus conocimientos, calmado y dueño de tus facultades, después de haber descansado suficientemente.

2. No creas que tu memoria va a funcionar 100%. Por tanto, no te desesperes, si algo se te olvidó.

3. Asegúrate de que comprendes perfectamente el contenido de cada pregunta, antes de pretender responderla.

4. Planea el uso del tiempo durante el examen. Para ello lee previamente todo el examen y divide tu tiempo asignando una parte del mismo a cada tema o a un número determinado de preguntas. Administra bien el tiempo para que puedas terminar el examen.

5. Si dudas o te confunde alguna pregunta, reléela hasta que la comprendas bien.

6. Si es posible —y permitido— pide al maestro la interpretación de las preguntas ambiguas o confusas. Si no se puede ni se permite preguntar al maestro, no lo hagas a tu vecino.

7. No copies ni des la impresión de que estás utilizando "acordeones" (copias o resúmenes) o algún otro instrumento fraudulento de los que circulan en estas circunstancias.

8. Resuelve tu examen, no el de tu amigo o amiga. La mejor ayuda que puedes prestarles es dejarlos solos.

9. No te sientas mal si otros terminan antes que tú. Que no cunda el pánico en tu espíritu en ningún momento. Toma tu tiempo.

10. Tampoco quieras ser el primero en terminar. Los exámenes no son carreras de caballos. Si terminas antes del tiempo asignado, revisa tus respuestas o afínalas y, si puedes, corrige los errores cometidos.

11. Escribe con letra clara, cuidadosamente. Sólo a unos cuantos especialistas les gusta descifrar jeroglíficos. Y, tal vez, no se encuentren dando clases en la Universidad.

12. Si te toca un examen objetivo, completa ciertas frases; por ejemplo, si tienes que escoger entre verdadero - falso, lee… "es verdad que, …". Entre siempre - frecuentemente - raras veces - nunca, haz lo mismo: "Siempre hasta que descubras, sobre la base de tus conocimientos, cuál es la respuesta acertada".

13. En los exámenes objetivos nunca pongas lo primero que se te ocurra. No son adivinanzas. Se supone que están hechos por especialistas, y sólo una de las opciones que se te presentan es la verdadera.

14. Si te has preocupado por aprender para la vida y no para el examen, no deberías inquietarte si te someten a un examen objetivo o de preguntas abiertas; si debes resolver casos prácticos o problemas, o si van a entrar todos los párrafos de este capítulo. Recuerda que si bien puedes aprobar un examen, la vida de trabajo puede reprobarte, o viceversa.

Referencia:

Michel, Guillermo, *Aprende a aprender; guía de autoeducación*, Octava edición, México - Lima, Ed. Trillas, Librería Studium, 1984, pp. 28-30; 43-45.

Consejos para los exámenes

1. *Obedece* todas las reglas e instrucciones que se den para los exámenes.

   Las reglas y normas para los exámenes están hechas para ti, los maestros las hacen cumplir en beneficio tuyo. Escucha atentamente las instrucciones. Piensa que los maestros durante el examen son vigilantes útiles y no policías espiando.

   Aborda los exámenes debidamente. Pon tu nombre, por lo menos, en el primer cuestionario y contesta todas las hojas.

   Deja bastante margen entre las respuestas para poner mayor información. Proyecta numerar o colocar letras a todas las partes de tus respuestas, de la misma manera que las preguntas y sus partes tienen números o letras. Trabaja con calma, pero con rapidez.

2. *Llega* a tiempo y preparado.

   Lleva al examen papel, lápices, regla y bloc o papel para hacer notas en sucio. Si está permitido y lo necesitas, lleva compás, transportador, tablas matemáticas y papel para gráficas. Deja en tu casa o guarda en tu cajón o casillero el material y equipaje que no necesites, pues sólo te estorbará o distraerá.

Llega a tiempo para situarte bien y estar preparado para cuando empiece el examen. No llegues demasiado temprano. Cuando ya estés sentado, arregla tus lápices y el material necesario, de modo que puedas tomar cualquier cosa sin mover lo demás. El arreglo debe dejar bastante espacio para escribir.

3. *Echa* una mirada rápida a todo el examen antes de contestar alguna pregunta. Fíjate especialmente:

   a) En las instrucciones (quizá te interese subrayar las palabras importantes de las mismas).

   b) Si las instrucciones son las mismas para todas las partes de la prueba o si en alguna parte difieren de las otras.

   c) Si puedes escoger las preguntas. (Si te permiten elegirlas, selecciona aquellas que sepas contestar y despreocúpate de las demás).

   d) Si las preguntas deben ser contestadas en un cierto orden; por ejemplo, las dos primeras y cualquiera de las otras cinco.

   e) Qué preguntas debes contestar primero. Muchos estudiantes contestan aquellas de las que están seguros y dejan las más difíciles para el final. Por consiguiente, de las primeras sacarán buena calificación. Posponer las preguntas difíciles permite que, algunas veces, llegue la inspiración por la relación que éstas pueden guardar con otras preguntas y respuestas. Si sigues este procedimiento, debes procurar tener tiempo suficiente para contestar las preguntas difíciles.

4. *Distribuye* adecuadamente tu tiempo de examen.

   La distribución del tiempo de examen depende de la duración de la prueba, de las preguntas fáciles y difíciles y de los puntos asignados a las preguntas. Sobre todo ajusta tu tiempo de modo que permanezcas en el salón hasta el final del examen. Debes dar el tiempo adecuado a cada pregunta, para que puedas contestarlas todas. A las valoradas por más puntos, así como a las más difíciles, debes dedicarles más tiempo. Procura que quede tiempo para revisar y darte cuenta de las omisiones y errores.

Cómo estudiar con éxito
Principales métodos de estudio

Por: Thomas F. Staton

*El éxito en el estudio no sólo depende
de la inteligencia y el esfuerzo, sino también
del empleo eficaz de las técnicas
y métodos de estudio*

Método PROST o EFGHI

Este método enseña a aprovechar con más eficiencia la mente de los estudiantes, ayudándolos a lograr el máximo grado posible de aprendizaje en cada uno de los momentos que dediquen al estudio. Es un método de alta eficacia comprobada en muchos miles de alumnos, y se ha llegado a verificar que los estudiantes que lo utilizan, obtienen resultados mucho mejores que los que usan otros métodos.

Se desarrolla mediante un sistema que indica procedimientos para obtener el máximo provecho de los factores que concurren en el estudio. Acelera el aprendizaje y facilita la asimilación; permite dedicar menos horas al estudio con mejores resultados.

Su utilidad no se limita a la manera de estudiar, sino que muestra métodos efectivos para el mejor aprovechamiento de las clases en el aula.

Las técnicas que enseña no son complejas ni pesadas, por el contrario, son sencillas y accesibles a cualquier mentalidad y aplicables a todos los campos y niveles de estudio.

Su base se finca en estas cinco fases: *1.* Examen preliminar, *2.* Formularse preguntas, *3.* Ganar información mediante la lectura, *4.* Hablar para describir o exponer los temas leídos, *5.* Investigar los conocimientos que se han adquirido.

Según el estudio hecho por Phineas Eggelfellow hace más de un siglo, la queja más grave que los padres tenían contra las escuelas era que los maestros no enseñaban a los niños a estudiar. A juzgar por las críticas actuales, artículos de los periódicos y preocupaciones paternas, una revisión actual llegaría a la misma conclusión. La creciente competencia por el tiempo de estudio, la atención del estudiante y los recargados programas dan, probablemente, más validez aún a estas quejas.

Es cierto que muchos maestros dicen al estudiante lo que debe estudiar y por qué debe estudiar, pero olvidan decirle cómo debe hacerlo. La razón es que el cómo es completamente diferente en cada individuo y está en gran parte determinado por las condiciones del hogar, la personalidad, la salud, la psicología, la psiquiatría y las diferencias individuales.

En los últimos años hemos aprendido mucho sobre técnicas y normas de estudio. Asimismo, existen numerosas reglas empíricas, métodos generales y nuevas y viejas técnicas que todos hemos encontrado en nuestro deseo de aprender.

El método en cuestión se denomina, en inglés, PQRST, por dos razones; la primera, porque siendo letras consecutivas del alfabeto es fácil recordarlas; la segunda es que cada letra representa la inicial de las palabras que describen las fases del método;

P	Preview	vista anticipada, inspección previa
Q	Question	pregunta
R	Read	leer
S	State	exponer, manifestar
T	Test	prueba, examen

✓ Estudio eficaz
✓ Aprendizaje eficiente
✓ Mejores calificaciones

ÉXITO

● **I**nvestigar los conocimientos que se han adquirido
● **H**ablar para describir o exponer los temas leídos
● **G**anar información mediante lectura
● **F**ormularse preguntas
● **E**xamen preliminar

El método se denomina: MÉTODO "EFGHI".

E   Examen preliminar
F   Formularse preguntas
G   Ganar información mediante lectura
H   Hablar para describir o exponer los temas leídos
I   Investigar los conocimientos que se han adquirido

1.   E: Examen preliminar

Para realizar el examen preliminar debemos:

1. *Leer cuidadosamente el título de la obra.*

    Parece una recomendación innecesaria; sin embargo, los experimentos han demostrado que el estudiante se confunde y pierde tiempo o dinero inútilmente por no leer con cuidado el título de una obra.

    Por lo regular dicho título debe indicar de qué se trata la obra.

2. *Leer la introducción o prólogo o los resúmenes de las tapas.*

    Ahí se resume la idea central del autor; qué ha escrito, qué pretende, cómo ha estructurado su obra, a quiénes va dirigida, etc.

3. *Leer el índice de la obra.*

    Eso nos dará una idea en conjunto de los puntos de que trata la obra.

    Con sólo los tres puntos señalados, podemos tener una clara idea sobre cómo se compone la obra, de qué trata, cuál es su contenido y de qué manera la enfoca el autor.

Pero en muchas oportunidades sólo vamos a estudiar un capítulo de una obra determinada. Entonces nuestro procedimiento debe ser similar:

a) Leer el título del capítulo y el resumen que algunos autores ponen después del mismo.

b) Ver los dibujos, leer los esquemas, etc. En ellos el autor suele resumir las ideas principales. Luego de leer el libro con atención es suficiente con repasar los dibujos, que por razón didáctica tienen que ser caricaturescos y divertidos, pues éstos se graban mejor en la mente del estudiante.

c) Dar lectura rápida a algunas de sus páginas. Esta lectura debe ser superficial, ligera, poniendo atención únicamente al principio y al final de la hoja. Por lo general las ideas principales se exponen al principio, luego se refuerzan mediante ejemplos.

2.   F: Formularse preguntas
¿Cómo se realiza esta etapa?
El método didáctico se basa en preguntas y respuestas sumamente concretas. Nosotros mismos podemos y debemos preparar nuestro estudio con preguntas concretas.

Al formularte preguntas, tú:

¿qué?
¿cómo?
¿cuándo?
¿dónde?

a.   Divides el tema por aspectos; los más importantes;

b.   Te ayudas a leer atentamente, ya que estarás buscando las respuestas;

c.   Si no hallaras la respuesta en un libro, buscarás en otros o acudirás al profesor para que te ayude a encontrar las respuestas a las preguntas formuladas. Lógicamente este alumno tendrá una visión más amplia que sus compañeros que se dedican a leer más o menos su texto.

d. Es muy probable que obtengas brillantes resultados en tus exámenes, pues precisamente un examen es un conjunto de preguntas sobre los aspectos fundamentales de un tema.

e. El cerebro se mantendrá en actitud de atrapar la respuesta correcta en cuanto la vea pasar por sus ojos. En otras palabras, el cerebro estará permanentemente en actitud de aprender.

3. G: Ganar información mediante la lectura

A todos nos ha pasado que alguna vez nos hemos puesto a leer un tema, sin prestar mayor atención. Al cabo de un buen rato, nos damos cuenta de que hemos pasado las páginas y, sin embargo, no tenemos ni la más mínima idea del texto. Hemos mirado sin ver. Lógicamente aquello produce aburrimiento, cansancio, hace perder el interés y, sobre todo, tiempo. Repasar significa recomenzar, muchas veces descuidando ideas importantes.

En general, hay formas de leer: *1)* en voz alta y *2)* en silencio. ¿Cuál de las dos es más conveniente? Depende de varios factores:

Al leer en voz alta empleamos mucho más tiempo que leyendo en voz baja. En consecuencia, si tenemos todavía tiempo para la fecha de los exámenes o controles, podemos emplear esta forma de leer.

Debemos saber, por otra parte, que la lectura en voz alta, aunque es más lenta, ayuda a una mejor memorización. La razón es que al leer de esta manera, interviene no sólo la vista, sino también el oído. Además, siempre que leamos en voz alta, hagámoslo CAMINANDO. La razón es que, como ya vimos, el movimiento general ayuda en el funcionamiento del cerebro; además, al moverse se estarán relajando los músculos de la espalda y el cuello, que son los primeros

que se cansan al estudiar quietos. La fatiga de dichos músculos da la impresión de que lo que se nos ha cansado es el cerebro que, como ya dijimos, no puede fatigarse porque no es un músculo.

Si decidimos leer en voz alta hagámoslo pronunciando las palabras lo suficientemente fuerte para ESCUCHARNOS; y pronunciar con la misma claridad que emplearíamos si estuviésemos leyendo un noticiero en la televisión. La razón es que al leer fuerte, y al escucharnos, se nos graban mejor las ideas; y respetar la entonación y los signos de puntuación, facilitará sin darnos cuenta nuestra FACILIDAD DE PALABRA.

Si decidimos estudiar leyendo en voz alta, es recomendable, además, tomar el libro con una mano y gesticular con la otra, realizar mímica de lo que leemos. Esto también ayuda indudablemente a una mejor fijación de las ideas centrales.

Si decidimos leer en silencio, debemos evitar hacerlo mecánicamente. Para esto hay un método muy eficaz y muy sencillo a la vez: *SUBRAYAR EL LIBRO.* Sin temor de hacerlo, si el libro es nuestro, debemos subrayar —*con lápiz o bolígrafo rojo*— sólo las IDEAS PRINCIPALES. Incluso podemos subrayar una palabra por aquí y otra por allá, de manera que al leer todo lo subrayado, tengamos oraciones coherentes y resumidas como si se tratara de un telegrama.

Ejemplo: releamos el último párrafo. ¿Qué frases hemos subrayado? "Si decidimos leer en silencio,… debemos,… SUBRAYAR EL LIBRO,… con lápiz ROJO". Se entiende perfectamente la oración, verdad? Y es justamente lo esencial de todo el párrafo. Esta fase tiene la ventaja de que al repasar, lo hacemos RAPIDÍSIMAMENTE; ya no necesitamos leer todo el libro, bastará con pasar la vista por lo subrayado únicamente. Pero, ¿por qué debe ser lápiz ROJO? ¿No da lo mismo el color azul, el negro o un verde alfalfa? No. La psicología industrial nos dice que el ROJO es el color que más IMPRESIONA LA RETINA. De allí que precisamente la mayor parte de los anuncios luminosos tienen como base el color ROJO. Por tanto, subrayar con rojo, las frases se nos quedarán más vivamente grabadas en la retina. Si subrayamos con negro un libro con caracteres negros, probablemente mucho de lo subrayado pasará inadvertido para nosotros.

Pero además existe otra razón básica para SUBRAYAR: al hacerlo CON REGLA, nos tomamos cierto trabajo y determinado tiempo en la idea central. En ese tiempo nuestro cerebro, que es velocísimo, ha repetido mentalmente 8, 10 o más veces el concepto central; es decir, se ha mantenido activo, en actitud de aprender. Y es esto precisamente lo que queremos.

De una de las naves

Además es importante señalar que al leer en silencio, no sólo debemos SUBRAYAR, sino que si NOSOTROS MISMOS lo estimamos conveniente o necesario, DEBEMOS HACER ANOTACIONES AL MARGEN, resumir el libro (esto es poner ideas centrales al costado), etc., todo lo cual beneficiará indudablemente nuestro aprendizaje.

EN CONCLUSIÓN: ¿Cómo conviene leer? Eso depende de:
1. Nuestro tiempo y
2. De nuestra propia comodidad

Lo importante es que al hacerlo, sigamos los consejos anotados: si leemos en voz alta, lo hagamos pronunciando bien y caminando, usando mímica. Y si lo hacemos en silencio, SUBRAYANDO.

Ya hemos visto las ventajas y desventajas de leer en voz alta y en silencio. Pero si seguimos los consejos anotados tendremos una gran ventaja: ESTAREMOS LEYENDO ACTIVAMENTE y no en forma pasiva como la gran mayoría de alumnos. Al final, aunque en apariencia demoramos más al leer, ya sea subrayando o hablando en voz alta, en el fondo estamos AHORRANDO TIEMPO.

De una de las naves

Quienes no leen de esta manera, necesitarán leer dos, tres y hasta más veces para comprender bien y fijar las ideas centrales. Nosotros necesitaremos sólo una buena lectura y aprenderemos más y mejor que los demás.

4. H: Hablar para describir o exponer los temas leídos
¿Cómo se realiza esta etapa?

Fijar los conceptos (las ideas principales) y organizarlos. Y ¿cómo se puede conseguir esto?

Repitiendo con nuestras propias palabras lo estudiado. Se puede efectuar de dos maneras:

1. Si leíamos en voz alta:

Al terminar de leer un capítulo o un subtítulo del mismo, debemos cerrar el libro y repetir los conceptos, con nuestras propias palabras, también en voz alta, como cuando leímos; pronunciando fuerte y claro, como si leyésemos noticias en la radio, y no olvidemos hacer nuestra propia subdivisión del tema, en fragmentos más pequeños y concretos. Para ello, tendremos que utilizar la pregunta que nosotros nos formularemos o, en muy raros casos, si el libro es muy didáctico, utilizar las preguntas del autor. Si logramos resumir todo lo escrito, con nuestras propias palabras, estaremos aprehendiendo el método, esto es, comprendiéndolo perfectamente, compenetrándonos en él y haciéndolo nuestro. Lógicamente, habremos aprendido algo, bien y sin necesidad de memorizarlo.

2. Si leímos en voz baja:

Aunque nada se opone a que, si leímos en voz baja, repasemos en voz alta, según lo escrito en el párrafo anterior, es preferible aprovechar lo subrayado y/o anotado, para elaborar nuestros resúmenes esquemáticos, fichas o cuadros sinópticos.

5. I: Investigar lo aprendido

Esta etapa debe realizarse en forma oral. Es un autoexamen de lo aprendido. También puede hacerse en grupo; la manera de efectuarse es exactamente igual a la vista en la fase anterior (H): hablar para describir o exponer los temas leídos.

Con esta etapa se pretende evitar el olvido. Los estudios experimentales de la memoria, realizados por Cronbach, indican que el olvido más rápido e irrecuperable es el que se presenta dentro de las primeras 24 horas después de estudiar. De allí que se recomienda que el primer repaso debe efectuarse en este término.

Bastará con leer rápidamente lo subrayado en nuestros libros o revisar nuestras fichas o cuadros sinópticos, y luego exponer en voz alta los conceptos principales. El segundo repaso podrá hacerse a los ocho días, y el tercero (estamos hablando de repaso **básicos** indispensables) en el curso del mes.

Referencia:
Quintanilla Paz Soldán, Fernando, *El mejor método para estudiar*, Ed. Universo, Lima-Perú, Primera edición, pp. 85-89.

El método de estudio EPLERR

Veamos ahora un método para estudiar que te ayudará a aprender de una forma organizada y sistemática. Este método es eficaz sólo si tienes el propósito de mejorar la forma en que estás aprendiendo. Para aprender se necesitan tres requisitos básicos:

REQUISITOS	CARACTERÍSTICAS
● Poder aprender	Poseer la capacidad de aprender
● Querer aprender	Tener la voluntad de aprender, estar motivado para ello y mostrar una actitud predispuesta hacia el estudio
● Saber aprender	Tener conocimientos de cómo hacer el trabajo

No basta con poder aprender y querer aprender, es necesario saber aprender. Esto es lo que intentamos que aprendas con este libro.

De los tres requisitos, uno muy importante es el tercero, saber aprender. Se ha comprobado que cuando mejor nos organizamos, cuanto mejor se invierte el tiempo en el trabajo, cuantas más estrategias conocemos, mejores son los resultados.

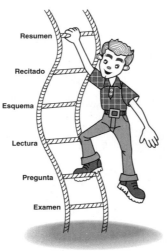

Resumen
Recitado
Esquema
Lectura
Pregunta
Examen

El método EPLERR es como una escalera que te introduce paulatinamente en lo que aprendes de forma significativa y progresiva.

Debes tomar este método como una guía de lo que debes hacer. Adaptarlo a tus características personales y a las demandas de las tareas que pretendes realizar. Si lo practicas suficientemente, se convertirá en parte de ti y te ayudará a adoptar una actitud más metódica para cuando tengas que incorporarte a tu vida profesional.

El método EPLERR va desde el examen inicial de lo que vas a aprender, hasta la comprensión de los nuevos conocimientos y su asimilación como si fueran tuyos. Veamos a continuación los pasos a seguir:

Examen (lectura)
La lectura general de la lección o tema que vamos a estudiar desde el principio hasta el final, nos servirá para saber de qué se trata. Un estudiante que echa un vistazo a lo que va a estudiar es como el conductor que consulta el mapa de carreteras para trazar la ruta que le lleve sin perderse a un lugar desconocido. Esta lectura ha de efectuarse prestando atención al título del tema, los apartados de que consta, los gráficos, los mapas y las fotos que incluye.

Pregunta
Una vez finalizada la lectura general, deberás estudiar la lección desde el comienzo, formulándote preguntas sobre los apartados; por ejemplo, en este tema hay un epígrafe que reza "el método de estudio EPLERR". Puedes formularte una pregunta como: ¿Qué es el método de estudio EPLERR? ¿Para qué sirve?, etc.

Cuando se estudia, la formulación de preguntas ayuda a concentrarse, a encontrar sentido a lo que estudiamos y, en última instancia, a recordar mejor. Los alumnos que estudian sin hacerse preguntas tienen un aprendizaje más mecánico.

Lectura pausada y exhaustiva de cada párrafo
La formulación de preguntas más específicas te ayudará a determinar lo más importante. En este paso subraya aquello que consideres que vale la pena destacar. Intenta comprender cada párrafo perfectamente para así poder entender mejor la pregunta.

Esquematiza cada pregunta
La memoria visual es muy importante en el aprendizaje, por eso conviene aprovecharla. Los esquemas y mapas conceptuales ayudan visualmente

a aprender. Cuando esquematizamos algo, destacamos lo más importante; eso es precisamente lo que debemos aprender.

El esquema es la representación gráfica y simbólica de un texto; ayuda a comprender, a la vez que facilita la asimilación y el recuerdo de lo aprendido; lo más importante es que ayuda a estudiar activamente, puesto que obliga a buscar las ideas principales, ordenarlas, clasificarlas y ponerlas por escrito.

Recita lo esquematizado y lo aprendido

La recitación sirve para transformar las palabras del autor en tus propias palabras. Recita mentalmente o en voz alta lo que deseas aprender, pues facilita la retroalimentación, ya que te oyes decir cosas que en el lenguaje diario no usas.

Resumen

Si lo que sabes de un tema o lección lo resumes además, por escrito, podrás prepararte mejor para la siguiente evaluación. Un resumen es la síntesis breve, sencilla y precisa de una pregunta o una lección con sus propias palabras. Una vez que hayas sido capaz de hacer el subrayado y el esquema de un texto, ya estás en condiciones de realizar el resumen. Éste debe incluir las ideas principales, ir de lo general a lo particular, incluir pocos detalles y ser breve.

Después de acabar la sesión, tómate unos minutos más y repasa la lección con los esquemas, mapas conceptuales, subrayados y el resumen que hayas hecho. Este repaso te ayudará a consolidar lo que acabas de estudiar. Periódicamente, repasa los esquemas que vayas elaborando de cada unidad, ya que ayudan a mantener en nuestra memoria a largo plazo lo que vamos aprendiendo. De ese modo vamos convirtiendo lo aprendido en conocimiento efectivo y propio.

Estas seis etapas que constituyen el método de estudio tienen la ventaja de que te obligan a estudiar activamente y evitan convertir el trabajo en una mera lectura repetitiva. Al principio, puedes tener la impresión de estar haciendo una labor un tanto complicada, pero una vez que hayas adquirido cierta práctica, verás que no se trata de una labor tan tediosa como pensabas, y que además te facilitará cada vez más la tarea del estudio.

El método de estudio EPLERR es una guía que te ayudará a aprender en forma activa y significativa.

Aplicación del método EPLERR

A continuación elige una lección de unos libros de texto y sigue los siguientes pasos:

- Examen de la lección. Fíjate en el título y en el número de apartados y subapartados.

- Pregunta sobre el contenido.

- Lectura y subrayado. Subraya con rojo las ideas principales, las secundarias con azul.

- Recita el esquema. Trata de expresar las ideas principales usando tus propias palabras.

- Resumen de la lección.

Una vez acabado el proceso, revisa los esquemas, mapas conceptuales y resúmenes.

Referencia:

Hernández Pina, Fuensanta, *Aprende a aprender. Técnicas de estudio*, pp. 35-39.

El método de estudio ERRRE

Pasos:

1. Exploración

2. Recepción

3. Reflexión

4. Repaso

5. Evaluación

1. Exploración
¿De qué trata este tema?
Este primer paso consiste en realizar un examen preliminar del material o asunto que se va a estudiar:

a) Leyendo con atención los títulos y subtítulos del capítulo o parte del libro a estudiar.

b) Leyendo el sumario o el resumen que algunos autores presentan al final de un capítulo.

c) Hojeando con rapidez las páginas del libro para captar una que otra frase y observar las fotografías o ilustraciones que contiene.

d) Realizando la prelectura o lectura exploratoria del tema antes de asistir a la clase respectiva.

e) Formulándose preguntas sobre el asunto o tema de estudio.

La ejecución adecuada de las acciones propuestas te permitirá:

a) Tener una idea general del asunto que debes aprender.

b) Conocer el plan de organización del tema a estudiar.

c) Tener una idea global de un tema. Es como reunir la imagen de un rompecabezas antes de reparar las piezas.

d) Recordar los conocimientos que ya tienes acerca del tema.

e) Concentrar tu *atención* en el asunto cuyo estudio estás iniciando. Debes dejar de lado todo lo que sea ajeno a la materia de estudio.

f) Avivar tu expectativa o *motivación* respecto a lo que serás capaz de hacer al término del estudio emprendido.

g) Orientar tu estudio o investigación hacia los aspectos más importantes o de mayor interés para ti.

h) El tiempo que se requiere para cumplir con la *Exploración* depende de la extensión y el grado de dificultad del tema de estudio. No hay una regla fija; pero se estima que es suficiente dedicar entre 10% y 20% del tiempo total de estudio.

i) El examen preliminar es sólo una *información superficial* del material de estudio.

2. Recepción

Este paso consiste en "adquirir", "captar", "recibir" información relativa al tema de estudio:

- Nombres
- Ideas
- Problemas
- Fechas
- Conceptos
- Procesos

Se cumple a través de tres acciones concretas:

a) La lectura

b) La audición

c) La observación

Para una eficaz *recepción o captación* del material de estudio, no sólo deben intervenir los *sentidos;* es imprescindible la participación activa del cerebro. A menos que tu cerebro entre en *acción,* que pienses intensamente en lo que estás leyendo, escuchando u observando, no podrás captar la información; es decir, no llegarás a tener la menor idea de lo leído, escuchado u observado.

Quiere decir que mientras "lees", "escuchas" u "observas", tu mente debe estar activamente concentrada en la captura de ideas, etc., a partir de la percepción de palabras, datos, gráficos y otros estímulos que tienen que ver con el material de estudio.

No hay otra forma de comprender y adquirir conocimientos

La confusión o incapacidad de captar una idea viene *después* de una palabra no comprendida.

3.   Reflexión
¿Qué significa?

Reflexionar es pensar o poner en acción todas las funciones mentales.

En este paso concreto de *reflexión* debes procesar la información captada, usando —entre otros— estas funciones mentales:

- Analizar

- Sintetizar

- Comparar

- Deducir

- Definir

- Generalizar

- Evaluar

Quien estudia reflexivamente (analizando, comparando, definiendo, etc.) logra los objetivos del aprendizaje.

● Procedimientos prácticos que ayudan a cumplir este paso:

1) Tomar notas de lo más importante que dice el profesor de clase. Las notas o apuntes ayudan a fijar la atención y son de mucha utilidad para la organización y ampliación de ideas, así como para los repasos.

2) Realizar una segunda lectura del tema (lectura comprensiva). Consiste en analizar el contenido del tema.

Con la lectura comprensiva se descubren las ideas principales, las secundarias y los detalles. De este modo se logra entender mejor el contenido del tema.

3) Subrayar las ideas principales.
Se efectúa al mismo tiempo que la lectura comprensiva.
Al subrayar las ideas principales se logra resaltar lo esencial del contenido del tema y se facilita la sinopsis del mismo.

4) Elaborar una sinopsis (del tema trabajado).
La sinopsis (resumen o síntesis) condensa el contenido del tema y expresa el orden lógico de las ideas principales.
Permite interpretar y captar el conjunto de las ideas que conforman el tema. Facilita la exposición activa de éste y los repasos.

5) Exponer el tema trabajado.
Se trata de una exposición oral del tema, apoyándose en la sinopsis elaborada.
Reconstruir el tema con tus propias palabras, te ayudará a comprender mejor su contenido y asimismo a retener y fijar en la memoria lo más esencial del mismo.
Este paso (reflexión) hace más provechoso el tiempo total destinado para estudiar un tema determinado.

4. Repaso

- Este paso consiste en volver al material aprendido para recordarlo, ayudándose con la sinopsis elaborada.

- No significa tener que volver a leer todo el material.

- El tema leído se debe recuperar mentalmente o en forma verbal consultando tus notas en el libro, sólo para verificar y complementar lo ya memorizado.

- El repaso es la única forma de combatir la acción del olvido.

- El olvido es un fenómeno normal.

- Quien no repasa en forma periódica el material de estudio, irá perdiendo u olvidando progresivamente los conocimientos o habilidades aprendidas.

- Evitar el proceso *Curva del olvido* no es tan fácil.

Plan de repasos

Tres etapas en un plan de repasos

1) Repasos iniciales

   • Al día siguiente de concluido el tercer repaso (Reflexión).

   • A la semana.

2) Repasos periódicos

   • Quincenalmente.

   • Cada mes.

3) Repaso final

   • En vísperas de un examen.

El tiempo a aplicarse en los repasos depende de la extensión y el grado de dificultad del tema estudiado.

5.   Evaluación

Se trata de que tú mismo examines tu rendimiento, es decir, te autoevalúes para ver si ya sabes bien lo que has estudiado.

¿Cómo autoevaluarse?

1. Exponiendo el tema estudiado con tus propias palabras.

2. Formulándote preguntas y respondiéndolas.

3. Resolviendo el cuestionario o la prueba que algunos textos presentan al final de cada capítulo.

Lo importante es que te califiques con objetividad, lo cual significa que no debes engañarte a ti mismo.

La técnica CIILPRA

¿Cómo estudiar?

Esta técnica que presentamos en esta oportunidad ha sido desarrollada por profesores de diferentes niveles de enseñanza que laboran en diversos Centros Educativos y cuyos resultados han sido positivos. CIILPRA es la técnica de estudio, y sus siglas corresponden a las etapas a seguir.

El estudiante la podrá aplicar como se le describe, aunque las técnicas de estudio funcionan mejor cuando se les somete a un periodo de adaptación personal.

La técnica CIILPRA significa:

C   Concentración

I   Inspección

I   Interrogación

L   Lectura

P   Producción

R   Repaso

A   Autoevaluación

Concentración

La concentración juega un papel importante en el estudio. Es posible aprender a concentrarse y limitar los efectos de la distracción.

El principal error cometido por la mayoría de los alumnos es creer que el estudio consta de una fase, la de "captación" y de un solo paso concreto, el de "leer" un libro o de "escuchar" al profesor.

Partir de tal supuesto es un error, pues para captar una información escrita u oral hay que hallarse mentalmente preparado.

El primer paso que se debe dar es: "concentrarte" y la "C" de CIILPRA es la inicial de dicha palabra. Significa que antes de empezar a captar una información o manejar ideas, no debes tener la mente ocupada en algo ajeno a la materia de estudio, tampoco debes intentar la dudosa hazaña de pensar al mismo tiempo varios asuntos.

Significa que antes de empezar tu estudio debes "desocupar" tu mente de todo lo que sea ajeno a la materia que tratas de asimilar. La concentración es el único paso que debes mantener durante los siete pasos que componen la técnica de estudio que proponemos.

Para poder concentrarte acostúmbrate a repasar todos los problemas e inquietudes que se hallan en tu mente y luego proponte firmemente "dejarlos descansar" durante el tiempo que necesites dedicar al estudio.

Desarrolla este procedimiento durante pequeños periodos y después extiéndelos poco a poco.

Por último, otro consejo práctico es que apartes u ocultes aquello que sabes que te distrae.

Inspección

Lo que debes realizar a continuación es "inspeccionar" o "revisar" el material de tu próxima sesión de estudio; esta sugerencia no es nada original ni novedosa Espontáneamente un chofer "revisa" su auto, también revisamos nuestros zapatos o hasta la sopa, antes de decidir usarlos o consumirlos. Si se pretende realizar un largo viaje, uno acostumbra "revisar" los lugares que conocerá, conversando con personas que conocen dichos lugares.

La "exploración" o "revisión" es una verdadera "preparación" para aprender cualquier actividad. Si se trata de un texto, la "exploración" o "revisión" se hará hojeándolo, leyendo el índice, el prólogo, los comienzos de cada capítulo y observando cualquier fotografía o ilustración que contenga.

Para que siempre cumplas con "explorar" o "revisar" los materiales de estudio, te enumeramos algunas razones:

- Tener una visión global del material de estudio.

- Nunca avanzar por terreno desconocido.

- Prever las dificultades que te esperan.

- Recordar lo que sabes acerca del tema.

- Decidir si estás en condiciones de estudiar sin asesoramiento.

- Conocer qué intensidad de esfuerzo intelectual necesitarás aplicar.

Interrogación

Indica que ahora debes producir preguntas, es decir, que tu mente deberá llenarse con muchas interrogantes y con mucha curiosidad. Aconsejamos que mientras tus dedos hojeen el texto y tu vista lea selectivamente, aquí y allá, tu mente trabaje con mucha actividad en la formulación de numerosas preguntas en torno al asunto o problema que ya estás a punto de empezar a estudiar.

Este paso en concreto es básicamente mental, te recordamos que lo refuerces mediante una pequeña, pero muy conveniente actividad física: Cada vez que formules una pregunta, anótala en una hoja o cuaderno en forma abreviada.

Es importante generar un estado mental de preguntas por las siguientes razones:

- El estudio más provechoso es el de la naturaleza activa. Al realizar preguntas absolutamente propias, estás desarrollando una verdadera y plena actividad. El estudio menos útil es el de carácter pasivo.

- Cuando te plantees una diversidad de preguntas sentirás más curiosidad, y esto, a su vez, te servirá para mantenerte concentrado.

- El cúmulo de preguntas te acercará a lo que es el "trabajo de aproximación".

- Con la formulación de preguntas orientarás el estudio hacia los aspectos que resulten más apasionantes para ti.

Lectura

Generalmente los alumnos cometen el error de simplificar el proceso de estudio únicamente con base en la "lectura". Ésta significa "leer", o sea, captar palabras, frases, oraciones y las ideas y relaciones que expresan un material de estudio.

Asimismo este paso concreto lo cumplirás al escuchar al profesor. Lo mismo ocurre cuando se utilizan láminas, diapositivas o recorres un museo o exposición, pues esto es observar.

En la práctica este paso concreto se cumple a través de la " lectura" o de la "audición" o de la "observación", y cualquiera de estas actividades significa "captación" del material de estudio. Lo importante es que comprendas que en este paso tu primer objetivo es "recibir" información, ideas, problemas, tesis, conceptos, relaciones, procesos, etc.

El material de estudio, sea cual fuere, tiene que "ingresar" a tu mente. Pero debemos destacar que ésta es el órgano que tiene que "recibir" el material de estudio; no es una cámara fotográfica que registra en el negativo, indiscriminadamente, todo lo que "ingresa" a través del lente, tu mente no es una máquina desprovista de criterio.

Mientras "lees" y "recibes" el material de estudio tendrás que evaluarlo, es decir, irás percibiendo cuáles son los puntos más importantes y cuáles los secundarios.

Para una lectura debes tener en cuenta los siguientes consejos:

- Trata de leer en absoluto silencio, sin silabear o pronunciar en voz baja las palabras.

- Lee sin retroceder.

- Cuando leas, subraya y comenta en los márgenes de la página.

Producción

Significa revalorar o transformar el material de estudio que "ingresó" en tu mente durante el paso anterior. Esta "producción" puede hacerse básicamente en cualquiera de estas formas:

1. Modificando el propio material de estudio (por ejemplo, subrayando las ideas principales).

2. Reelaborando la información y el conocimiento captado (por ejemplo, planteando de manera diferente a la de tus compañeros).

Dentro de las razones básicas que indican que este paso es sumamente valioso tenemos:

1. Cuando "produces", registras en tu memoria con mayor facilidad y durante mayor tiempo.

2. Cuando "produces", comprendes mucho mejor y más inteligentemente.

3. Cuando "produces", estás realizando un estudio activo que es el más provechoso.

4. Cuando "produces", realizarás un cambio en general. Además "producirás" modificaciones, aportaciones, relaciones, innovaciones, creaciones y soluciones.

Es decir, la producción durante el estudio es una actividad muy importante porque tendrás que analizar, comparar, definir, generalizar, particularizar, resumir, evaluar, deducir e investigar.

Repaso

Sin que lo percibas, desde el momento en que terminaste de estudiar, e incluso mientras todavía lo hacías, empezó a ocurrir un fenómeno absolutamente normal e inevitable: has ido perdiendo y olvidando parte de los conocimientos adquiridos.

Este fenómeno se conoce con el nombre de "curva del olvido" y sucede de la siguiente manera: Si comprendiste 100%, una hora más tarde habrás olvidado aproximadamente 5%, al día siguiente tendrás 10% menos; en la semana posterior del estudio se desvanecerá 15% más, con lo que sólo te quedará 70 % de lo aprendido, y durante los próximos tres meses se borrará 25% adicional de todo lo que aprendiste y comprendiste originalmente.

Cien días después de la sesión de estudio retendrás apenas 40% de lo asimilado.

Y dentro de un año aún permanecerá en tu mente 25% de lo captado. Quizá con suerte, por el resto de tu vida, podrás conservar 10% o 20% de este hermoso 100% que estudiaste con tanto esfuerzo.

Este desgaste de conocimiento se denomina "curva del olvido". Se debe procurar que su curva descendente no caiga tanto, sino que sea lo más horizontal posible.

Para evitar el fenómeno de la "curva del olvido" se propone el siguiente plan: A la hora de haber concluido de "leer" y "producir", retoma tu material de estudio y "repasa" seria y metódicamente todo lo estudiado.

Al día siguiente, aunque te parezca inútil, efectúa un segundo repaso. Cinco días más, un tercer repaso. Luego durante cuatro semanas, una vez cada siete días, realiza un breve repaso, y más adelante, vuelve a efectuar un repaso mensual.

Independientemente de las recomendaciones, cada víspera de un examen, efectúa un repaso. Este repaso previo al examen será más concienzudo y profundo.

Autoevaluación

Es conveniente advertir que los siete pasos concretos que identificamos con una letra o con una palabra, indica otras técnicas de estudio que pueden estar denominadas con otro rótulo, aunque se trate de lo mismo.

No pretendemos ser los inventores de algo original de la técnica CIILPRA, sino que hemos sistematizado, razonado y ordenado un proceso que, a veces parcialmente, y a veces en modo inconsciente, siempre se ha cumplido cada vez que alguien se ha propuesto estudiar .

Luego de haber cumplido con los pasos anteriores de la técnica CIILPRA, es necesario que hagas una apreciación o medición de tus resultados; es decir, te propongas autoevaluar el aprendizaje de los pasos anteriores.

Significa entonces que tendrás que hacer el esfuerzo de "desdoblarte" para "juzgar" con la objetividad e imparcialidad con que lo haría un juzgado examinador, la asimilación del aprendizaje que has logrado.

Lo fundamental es que tú mismo examines tus conocimientos para que decidas si sabes, o no, lo suficiente. Además es importante autoevaluarse para evitar dos riesgos: el primero consiste en estudiar "demasiado poco", con el resultado de no estar preparado para aprobar un examen; el otro riesgo es estudiar "en exceso", con la consecuencia de invertir mayor tiempo en una materia, restando un tiempo precioso a otras.

Entiéndase que una de las claves del estudio eficaz consiste en distribuir el tiempo. El principal recurso que uno invierte en el estudio es "tiempo", y por eso mismo no debe desperdiciarlo.

Toda buena autoevaluación consta de tres elementos necesarios:

1. Tu autoevaluación o autoexamen.

2. Un análisis de los resultados.

3. Toma de decisiones respecto a tu plan de estudios.

En una buena autoevaluación debes considerar dos factores:

1. *Oportunidad.* Significa que en caso de obtener resultados negativos, tendrás que disponer de un determinado tiempo para volverte a preparar, para volver a estudiar.

2. *Objetividad.* Debes ser realista; es decir, uno mismo no debe hacerse trampas.

Referencia:

Ríos, Raúl, *¿Cómo estudiar?*, Centro de Investigación de Psicología Aplicada (CIPA).

Aplicación de los diagramas formales y de los creativos diagramas memorísticos

- La mejor manera de registrar en la memoria para recordar más tarde, es tomar notas con elementos clave.

- La memoria es muy asociativa y eslabona.

- En vez de escribir en forma lineal al preparar la información para memorizarla, podemos crear una estructura interconectada gráficamente.

- Es más fácil leer y entender las explicaciones escritas mediante los diagramas.

- La información se halla incluida en ellos a través de elementos clave.

- El diagrama memorístico muestra la conexión entre una idea o dato y otra idea o datos.

- Al tener una ordenación particular, es mucho más fácil de recordar que las páginas llenas de notas en forma lineal.

- Permite comprender el tema en su totalidad por las interrelaciones y conexiones.

Procedimiento (técnica):

1. Se escribe el título en el centro de una hoja de papel.

2. Los puntos principales se ramifican a partir del centro.

3. Hay que usar siempre palabras clave en los diagramas memorísticos.

4. Los puntos que siguen en importancia se unen a los puntos principales y los de menor importancia se conectan a su vez a los de segunda categoría, etc.

5. La estructura, parecida a un árbol, crece al añadir información.

6. Se debe comprender bien la información para saber dónde situarla correctamente.

7. Escribir con letra de imprenta, legible, clara y en mayúscula (no usar el tipo de letra ordinaria), de manera que se lea y vea el diagrama con facilidad.

8. Se deben escribir las palabras clave formando una línea.

9. Utilizar flechas, símbolos y colores para reaccionar y conectar entre sí las diversas ideas del diagrama.

10. Cuanto más original sea el diagrama, mejor. Cada diagrama debe tener una configuración visual única, ya que es más fácil recordar las cosas poco corrientes.

11. Las imágenes y los símbolos son más apropiados que las palabras.

12. Debemos procurar que haya cierto realismo en el diagrama.

13. Dar una apariencia tridimensional al diagrama mediante colores, formas estructuras e imágenes.

14. Un área de información puede ser resumida en una estructura visual fácil de recordar.

15. Para tomar notas se puede usar dos páginas a la vez. En una se hace el diagrama y en la otra se anota la información que no encaja bien en él, por ejemplo, fórmulas químicas, definiciones, estadísticas gráficas, etc., pero relacionándola con las diversas partes del mismo.

16. Para repasar, hay que tomar el diagrama completo y asegurarse de que las palabras e imágenes elegidas traen a la memoria la información correcta.

17. Ventaja. Muestra las correcciones de las palabras en el mismo orden en que tienden a ser recordadas. Por eso el diagrama resulta más efectivo para repasar que una lista de palabras clave.

18. Hay que fijar en la memoria el esquema y su contenido.

19. Para hacerlo, se puede repetir con rapidez en otra hoja de papel, luego de ver el diagrama con los ojos de la mente.

20. El sistema de diagramas mnemotécnicos requiere una comprensión perfecta de la información.

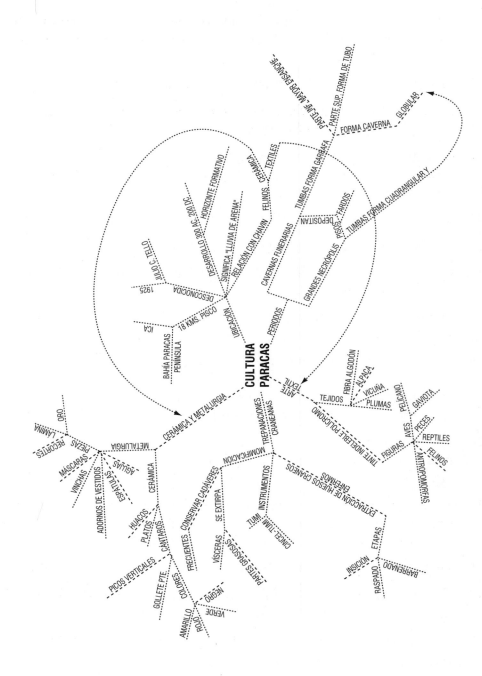

Ejemplo de un diagrama.

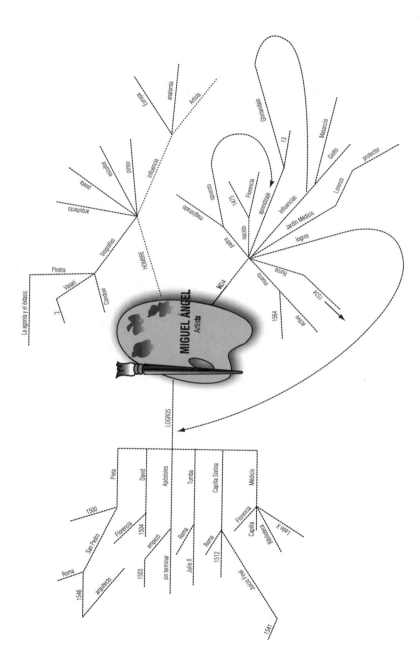

Ejemplo de un diagrama.

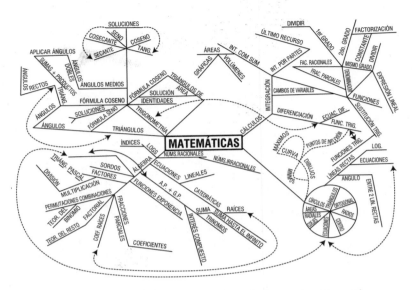

Mapa mental que elaboró una alumna de secundaria para la asignación de Matemáticas.

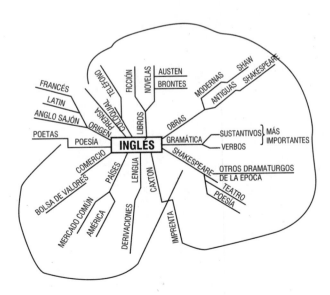

Los "mejores apuntes" lineales de un niño de catorce años y el mapa mental que confeccionó para la asignatura de Inglés.

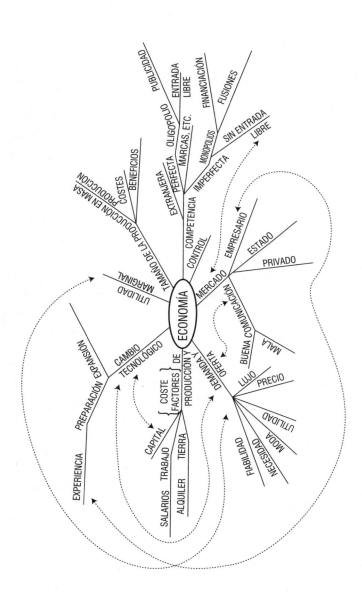

Mapa mental confeccionado por un alumno para la asignatura de Economía.

Exploración del texto

El párrafo

Identificación de las ideas principales

La unidad de lectura que vamos a utilizar para la aplicación del método de estudio es el PÁRRAFO, cuya importancia es que TODO él gira alrededor de una idea principal. Para nosotros, el párrafo va a ser la unidad básica del pensamiento, y nuestra tarea es encontrar rápidamente la idea del autor.

Lee lo siguiente e identifica la idea principal, luego suprímela y ve qué ocurre.

> Puede ser una desalentadora experiencia para un niño que sus ambiciones no sean comprendidas por sus padres. Si un padre se niega a considerar exitoso a su hijo, a no ser que alcance las metas que cuentan con la aprobación paterna, el niño puede pasarse la vida entera tratando desesperadamente de demostrar que el concepto que tiene de sí mismo realmente existe, y que es algo más aparte de lo que sus padres quieren para él. Nada puede obstaculizar tanto a un niño para que desarrolle su propia personalidad, como el tratar desesperadamente de ser lo que no es. Sólo servirá para hacerlo fracasar y perder el tiempo ocultando sus imperfecciones y hacerlo dudar de que alguien llegue a aceptarlo. (D. Viscott, *Cómo vivir en intimidad*.)

Preguntemos al autor: ¿De qué me está hablando?

De que puede ser una desalentadora experiencia para un niño que sus ambiciones no sean comprendidas por sus padres.

Ahora haz la prueba de leer el texto, omitiendo esa oración, ¡y también se entiende!

¿Qué pasó aquí?

El autor utiliza oraciones redundantes. Son oraciones que dicen lo mismo usando otras palabras, por ejemplo:

A) La lectura enriquece la personalidad.

B) Está comprobado que una forma de engrandecerse uno mismo es mediante el contacto que se establece con un autor mediante el acto de leer.

C) Todo libro nos abre un mundo de experiencias en el cual nos introducimos.

Y así puedo seguir escribiendo y escribiendo oraciones redundantes, repetitivas de una misma idea.

Pero veamos este otro texto:

Un individuo desarrolla un autoconcepto positivo según las continuas comprobaciones de su educación, especialmente en la primera etapa de la niñez, de los 6 a los once años y en la adolescencia. La escuela abarca estos dos últimos periodos (de los 6 a los 18 años). Consideramos que las continuas pruebas de éxito o fracaso en la escuela tienen importantes efectos sobre el autoconcepto del individuo. La salud mental y el autoconcepto no pueden diferenciarse con claridad, aunque la primera está más directamente relacionada con el desarrollo del yo, con la reducción de la ansiedad general y con la habilidad para manejar el stress y la frustración con un mínimo de debilitamiento de afecto. (B.J. Bloon: *Mastery Learning.*)

¿De qué nos habla el autor?

Hay una palabra en este texto que es la señal de que te aproximas a la idea principal. La palabra es un verbo: Consideramos.

El autor respondería:

Estoy hablando que tanto yo como mi equipo, consideramos que las continuas pruebas de éxito… etc.

Para comprobar si esa es la idea principal, quítala y lee todo el texto. Te darás cuenta que, si bien el autor expresa otras ideas, el texto queda vacío. Es decir, no sabemos de qué está hablando.

Ahora te explico otro recurso para confirmar si la idea principal es la principal.

Saca esa idea de donde está y léela al principio del texto; luego al final y colócala después de cualquier otra oración. ¿Sigue teniendo sentido el texto? Si la respuesta es sí, acabas de confirmar que ESA es la idea principal.

Continuemos ejercitándonos con otro párrafo, ya más complejo.

Para quien nutre el designio de estructurar las actividades humanas, con miras a actuar más eficazmente, me parece esencial comprender bien que ninguna de esas actividades existiría sin energía solar. Es la energía del fotón solar la que pasando a la superficie de nuestro planeta y transformada antes en energía química, permite la vida en todas sus formas, y la vida de los hombres, etapa conocida de la evolución.

Todo acto humano, todo pensamiento humano, no es sino resultado de la transformación de esta energía fotónica hacia una forma más organizada. Esta primera noción tiene consecuencias filosóficas, de una parte, pero no vamos a detenernos en ellas. Por otro lado tiene consecuencias prácticas, a saber: que todas las actividades humanas pueden y deben ser contempladas bajo la forma energética, bajo el aspecto de una transformación de energía, partiendo de una fuente luminosa común. El hombre y las sociedades humanas son transformadores. Las sociedades más evolucionadas son aquellas en las que el hombre llega a transformar esta energía en formas cada vez más complejas. (H. Laborit, *Biología y Ciencias de la Acción*.)

Antes de que Henry Laborit te responda, investiga tú mismo lo que está diciendo el autor, relee el párrafo.

Quiero decir —dice Laborit— que todo acto o pensamiento humano es el resultado de la transformación de la energía solar...

¿Nada más nos dice?

...Sí... Agregó que lo práctico de esta idea es que todas las actividades humanas pueden y deben ser contempladas bajo la forma energética, bajo el aspecto de una transformación de energía, partiendo de una fuente luminosa común.

La idea principal y su consecuencia práctica está dividida en dos oraciones que aparecen: La primera en la mitad del párrafo y la segunda, casi al final.

Ejercítate. Junta ambas y léelas al principio del texto. ¿Mantiene su sentido?

¡Quítalas del texto! ¿Mantiene su sentido?

Consideramos que con estos ejemplos ya debes tener la noción de qué se entiende por idea principal.

Esta idea principal puede aparecer:

1) Al principio del párrafo.

2) A la mitad.

3) Al final.

4) Dividide en dos o en tres partes.

5) …y puede haber más de una idea principal por párrafo.

6) … no presentar ninguna idea. Veamos estos dos casos.

Después de casi cuatro décadas de investigación en el laboratorio acerca de los mecanismos fisiológicos del stress de la vida, he llegado a convencerme de que los principios básicos de defensa, a nivel de la célula, son ampliamente aplicables también a las personas e incluso a sociedades humanas enteras. Veremos que las diversas reacciones de adaptación que emplean nuestras células y nuestros órganos son sorprendentemente similares. Sea cual fuere el tipo de agresor con que se enfrentan. Esta consideración me ha conducido a concebir la "tensión fisiológica" como una respuesta a cualquier clase de exigencia formulada al cuerpo.

Sea cual fuere el problema, sólo es posible hacerle frente a través de dos maneras básicas de reaccionar: Activamente, mediante la lucha o pasivamente, escapando o acomodándose, al problema. En los casos de los venenos que han penetrado en el cuerpo, es posible la huida: pero nuestras células aún pueden responder de dos formas esencialmente semejantes destruyendo químicamente al veneno o logrando una situación de coexistencia pacífica con esa sustancia nociva. Sólo puede llegar a ese equilibrio expulsando el veneno del cuerpo o aprendiendo a ignorarlo. (Hans Selye: *Stress sin Distress*.)

¿De qué nos habla el autor?

1) Los principios básicos de defensa celular se pueden aplicar a las personas y a las sociedades.

2) Las reacciones de adaptación celular y de los organismos son similares.

3) La tensión fisiológica es una respuesta a cualquier exigencia formulada al cuerpo.

4) Hay sólo dos maneras básicas de reaccionar ante la agresión: La lucha o la huida y/o acomodación.

Notarás entonces, que este párrafo contiene cuatro ideas principales. En cambio el párrafo siguiente carece de idea principal:

La primera idea es, por supuesto, que tales experiencias son meras casualidades. Poca gente intenta pasar de esta primera y simple explicación: Pero por suerte, algunos van más allá y cuando se estudia un buen número de tales experiencias, pierden toda apariencia de accidentalidad. El procedimiento científico a seguir, consiste en poner manos a la obra con el fin de descubrir lo que hay de tales hechos. (J.B. Rhine.)

Evidentemente no hay respuesta. La significación de este párrafo está dada por otros párrafos. Sin embargo podemos detectar ideas. No sabemos de qué habla. Vamos a llamarlo el tema X. El autor respondería así.

- Existen ciertas experiencias X que son consideradas casualidades, cuando se estudian pierden toda apariencia de accidentalidad... Hay que poner manos a la obra para descubrir qué hay detrás de tales experiencias X.

Así que, si bien, no hay una idea principal, el texto tiene coherencia y podemos comprender de qué nos habla.

Qué son esas experiencias X. De ahí que estimemos que este párrafo no tenga definida la idea principal. Este tipo de párrafo es una excepción.

Por último, para completar la caracterización de los párrafos y el hallazgo de la o las ideas principales, leamos este fragmento de *La educación sentimental* de Flaubert.

Finalmente la nave partió. Las dos orillas, pobladas de comercios, astilleros y usinas, desfilaban como dos anchas cintas que fueran desenrollándose. Un joven de dieciocho años, de largos cabellos, y que sostenía un álbum bajo el brazo, permanecía inmóvil junto al timón. A través de la niebla contemplaba los campanarios, los edificios cuyos nombres desconocía. Luego abrazó, en última mirada, la isla de Saint-Louis, la conocía. Luego abrazó, en última mirada, al desaparecer París, dio un gran suspiro.

¿De qué nos habla Flaubert en este párrafo?

- Cuenta que mientras la nave partía, un joven echaba la última mirada a París.

En este caso la idea principal está como diluida en todo el párrafo. La exacta comprensión está dada por la síntesis que puedas efectuar. Es un típico texto narrativo, descriptivo, perteneciente a la novelística.

Identificadas las ideas principales, procedamos a identificar la ideas secundarias, cuya función es enriquecer con detalles el párrafo. Simultáneamente vamos a explicar y tú a ejercitarte con dos técnicas para trabajar el texto de estudio: la interrogación y el subrayado.

Para ello volvamos a los textos que ya trabajamos. Comencemos por la interrogación.

Interrogar un texto significa "exprimir" su sustancia en función de preguntas que, imaginariamente, le hacemos al autor. Ya aprendimos a preguntarle: ¿De qué me habla?

De aquí en adelante lo "acribillaremos" con otras preguntas:

¿Que?, ¿quién?, ¿por qué?, ¿cuándo?, ¿dónde?, etc., serán nuestras guías. Para eso debemos identificar con rapidez, el o los verbos de cada oración. Te recuerdo que el verbo es aquella parte de la oración que, primordialmente, expresa actividad (hacer alguna cosa) o el estado en que se encuentra una persona:

Ejemplos de acción: correr, buscar, amar, etc.

Ejemplos de estados: cansado, fatigado, dolorido, etc.

Regresamos al primer texto que analizamos:

Habréis oído decir muchas veces esto: Considérate capaz de hacer y lo harás. Sea cual fuere la tarea a cumplir, si se comienza por creer que podemos llevarla a cabo, la haremos perfectamente A veces la convicción permite hacer a una persona lo que otras consideran imposible...

Interroguemos:

1) ¿Qué habréis oído decir muchas veces?

2) ¿Qué pasará si creo que puedo llevar a cabo una tarea?

3) ¿Qué me permite esa convicción?

Ejercicio:

Regresa a cada uno de los textos que trabajamos, y efectúa preguntas al autor. A medida que lo haces observa que con esta simple técnica, incorporas las ideas del párrafo.

Vamos a aplicar todo lo trabajado en esta fase de Identificación en el siguiente texto.

> Durante la segunda mitad del siglo 19, el gran fisiólogo francés Claude Bernard enseñaba en el College de France, de París, que una de las habilidades más características de todos los seres vivos, es su capacidad de mantener la constancia de su medio interno, a pesar de los cambios de por medio. Por ejemplo, un hombre puede estar expuesto a una temperatura muy alta o muy baja, sin variar su propia temperatura corporal. Puede ingerir grandes cantidades de una u otra sustancia, sin influir mayormente en la composición de su sangre. (H. Selye, *El Stress sin Distress*.)

¿De qué nos habla Selye?

1) De que las propiedades físicas y la composición química de nuestros fluidos y tejidos orgánicos tienden a permanecer constantes a pesar de todos los cambios que sobrevienen a nuestro alrededor; y

2) Si este poder de autorregulación fracasa, aparece la muerte o la enfermedad.

Ya tenemos las dos ideas principales. Puedes subrayarlas con un resaltador. Pero el texto agrega otras ideas que complementan las principales: Ideas secundarias. Efectuemos preguntas al autor:

¿Cuándo enseñaba Claude Bernard?

¿Dónde?

¿Qué fue lo que decía en esa ocasión?

¿Qué pasa si se expone a un hombre a temperaturas muy altas o muy bajas?

¿Qué pasa con la composición de la sangre si se ingieren grandes cantidades de una u otra sustancia?

¿Qué ocurre si falla nuestro mecanismo de autorregulación?

¿Quién escribió este texto?

¿De qué libro se extrajo?

La técnica del subrayado consiste en resaltar las ideas principales del texto para localizarlas rápidamente durante el repaso. Con la aparición de los marcadores resaltadores, la técnica se vio favorecida, porque a través del color y la fluorescencia de los mismos, se logra una localización más rápida que cuando se subrayaba con lápiz.

Cada estudiante puede encontrar un estilo para señalar el texto: el subrayado implica una línea debajo de la palabra; la sobreimpresión, colorear las palabras. Si no se quiere marcar el texto, se pueden hacer señalamientos verticales u horizontales al margen.

Lo valioso del subrayado, —resaltar las ideas principales y/o secundarias— es que el estudiante ACTÚA sobre el texto, en donde el acto de estudiar deja de ser pasivo.

Ejercicio:
Identifica y subraya las ideas principales en estos textos.

Los científicos se han acomodado a la idea de que el cerebro es un aparato no sólo eléctrico, sino también químico. Sin embargo, todavía no han asimilado la posibilidad de que haya un tercer aspecto, por completo inexplorado. Tal vez sea un aparato magnético. Hamer, Gavalas – Medici y Bawin han tratado de estudiar el efecto de los campos electromagnéticos en el encéfalo. Los resultados son curiosos e inesperados. Por ejemplo, los monos acortan su juicio del tiempo cuando se les expone a campos que alternan unas siete veces por segundo aunque el efecto es mucho menor a diez ciclos por segundo. Los gatos se durmieron con ondas moduladas a ciento cincuenta ciclos por segundo, y lo que resulta más extraño, si habían sido condicionados, se tardó dos meses en extinguir el efecto. (G.R. Taylor, *El cerebro y la mente.*)

Trabaja sobre este párrafo que presenta mayores dificultades:

La conducta interpersonal no tiene opuestos. No es posible concebir una noconducta. Si se puede aceptar que toda conducta en una situación de interacción tiene valor potencial de mensaje, de ahí se sigue que sin importar lo que se diga y haga "uno no puede no comunicarse". El silencio y la inactividad no son excepciones. Aun cuando una persona procura ignorar las insinuaciones de otra, de todas maneras comunica falta de ganas de hablar. Habitualmente cuando una persona mantiene la vista dirigida al frente o sepulta la cabeza en un diario, no hay dificultad para "captar el mensaje" de que quiere que la dejen en paz. (C.D. Mortensen; *Comunicación: el sistema intrapersonal.*)

Vamos a ver si coincidimos en las ideas principales.

En el primero de estos dos textos debes haber subrayado:
… el cerebro es un aparato no sólo eléctrico, sino también químico, …Tal vez sea un aparato magnético…

En el segundo texto:
…sin importar lo que se diga y haga "uno no puede no comunicarse"…

Subrayado telegramático

Hasta aquí se ha subrayado una oración o secuencia de palabras. Ahora se va a probar un sistema más económico para señalar las ideas principales: marca aquellas palabras significativas (sustantivos-verbos-adjetivos, adverbios dejando de lado las preposiciones, conjunciones, artículos).
Volvamos al texto de *El cerebro y la mente.*
Subraya solamente estas palabras.

(cerebro-aparato-eléctrico-químico-magnético (?)-)

Date cuenta de que **sólo** marcaste cinco palabras. La última, magnético, tiene un signo de interrogación que reemplaza a "tal vez".
Si recuerdas solamente esas cinco palabras, estás en condiciones de exponer la idea central del párrafo:
Veamos el otro texto:

Toda conducta = mensaje.

Sin importar-diga-haga "uno no puede no comunicarse".

Este es el resumen de **todo** el párrafo. Es lo que **debes** recordar en un examen. El resto es relleno. Este relleno, en ambos textos, está dado por la ejemplificación.

El subrayado telegramático nos introduce a la tercera fase en la Exploración del texto.

Simplificación

Esta fase consiste en coordinar las ideas principales y secundarias relevantes de un texto en un cuadro o diagrama, de tal manera que tú, visualizando ese diagrama y EMPEZANDO POR CUALQUIER LUGAR DEL MISMO, puedas reconstruir el texto original.

Obviamente, esta fase incluye la anterior: ya sabes identificar las ideas principales y las subrayas telegramáticamente. Estas palabras subrayadas serán TUS PALABRAS GUÍA que deberás colocar en un diagrama.

Antes de explicar la Técnica del Diagrama, daremos un ejemplo simple. Sea este el texto: la oceanografía.

> La oceanografía es la ciencia que estudia los mares, los fenómenos que en ellos se producen; el fondo de los mismos y los organismos animales y vegetales que los habitan. Aunque los océanos cubren alrededor del 71% de la superficie de la tierra, nuestro conocimiento de ellos sigue siendo limitado.
>
> La oceanografía, una de las ciencias más jóvenes, se divide en 4 ramas principales: la física, que incluye el estudio de las temperaturas oceánicas, la circulación del agua de los océanos y el comportamiento del hielo en los mismos; la biología, que trata de la vida marina, y la química, que investiga la composición del agua del mar.

TOTAL: 135 palabras.

Las palabras que debemos subrayar y que serán nuestras palabras clave o guía son:

Oceanografía - ciencia- mares - fenómeno - fondo - animales - vegetales - 71% -superficie tierra - física (temperatura - circulación - agua - hielo) - geología (lecho - profundidades) biología (vida marina) química (composición agua).

TOTAL: 24 palabras que representan el 17% del texto original.

Con estas 24 palabras construye un diagrama formal y luego un diagrama creativo.

Hazlos de la siguiente manera:

1. Lee el texto anterior en forma rápida.

2. Léelo detenidamente.

3. Interroga al texto.

4. Subraya las ideas principales.

5. Selecciona entre esas ideas principales las palabras clave (subrayado telegramático).

6. Con esas ideas, construye el diagrama formal y/o creativo.

DIAGRAMA FORMAL
(Cuadro sinóptico)

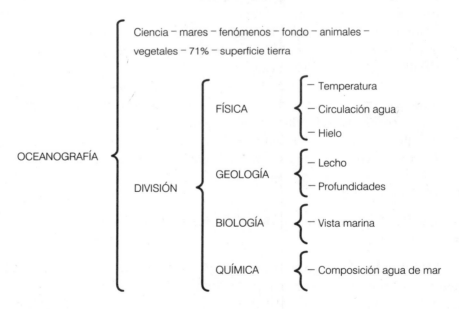

DIAGRAMA CREATIVO

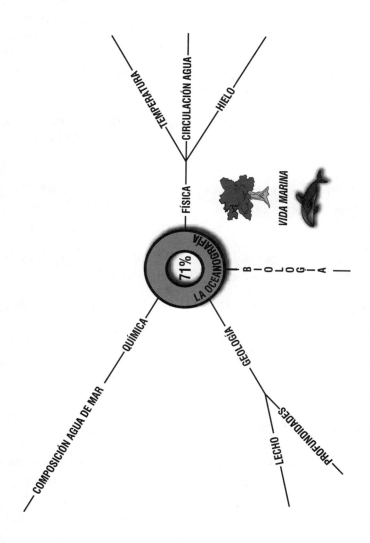

Referencia:

Antognazza, Emilio Jorge, *El placer de estudiar.*

Memoria de estudio

A la hora de estudiar, uno de los factores más importantes que facilitan la memoria consiste en que el conocimiento objeto de memorización esté integrado y organizado. Antes de memorizar un texto debes:

1. Hacer una lectura de reconocimiento; esto implica que debes poner lo que lees con relación a lo que ya conoces.

2. Hacer una lectura de estudio, que consiste en analizar el texto que tienes enfrente. Debes estar activo haciéndote preguntas sobre lo que lees.

3. Una vez realizado el análisis y detectado lo más importante, debes subrayar. Utiliza encuadres, colores, subrayados dobles y simples…, para destacar las ideas más importantes…

4. Realiza un esquema del texto estudiado y subrayado; para esquematizar jerarquiza tus ideas, emplea recursos…

5. Ahora memoriza en tu MLP (Memoria de Largo Plazo) este texto…

Haz por tu cuenta ejercicios de integración y organización de conocimiento a memorizar.

Ejercicio
Subraya el siguiente texto:

> Para una óptima memorización de las ideas importantes es necesario que lo que presentemos al sistema de la memoria en el terreno del conocimiento esté lo más integrado y organizado posible; esto quiere decir que debemos aplicar sobre los textos de estudio una serie de pasos lógicos como subrayar, esquematizar y resumir; justo en este momento estaremos preparados para llevar a cabo el proceso de memorización. Memorizar precisa del análisis y la comprensión de lo que se lee, el paso siguiente es preparar la síntesis del material para guardarlo con mayor eficacia en el sistema de la memoria, en este caso de la MLP.

Realiza un esquema del texto:

Para una óptima memorización de las ideas importantes es necesario que lo que presentemos al sistema de la memoria en el terreno del conocimiento esté lo más integrado y organizado posible; esto quiere decir que debemos aplicar sobre los textos de estudio una serie de pasos lógicos, como subrayar, esquematizar y resumir; justo en este momento estaremos preparados para llevar a cabo el proceso de memorización. Memorizar precisa del análisis y la comprensión de lo que se lee, el paso siguiente es preparar las síntesis del material para guardarlo con mayor eficacia en el sistema de la memoria, en este caso de la MLP.

Esquema del texto

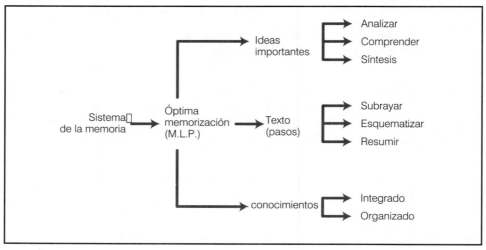

Haz por tu cuenta ejercicios de integración y organización de conocimientos a memorizar. Con tus palabras, realiza una síntesis del texto
anteriormente trabajado, por ejemplo:

> El sistema de la memoria se optimiza en la MLP cuando el texto se
> subraya, esquematiza y resume, después de sacar las ideas impor-
> tantes (analizar, comprender, sintetizar); así el conocimiento está in-
> tegrado y organizado.

Ejercicio

Emplea un tiempo en memorizar el esquema siguiente (uno o varios minutos), y cuando lo tengas memorizado, tápalo con un papel y, después de cinco o diez minutos, rellena los espacios del esquema de abajo.

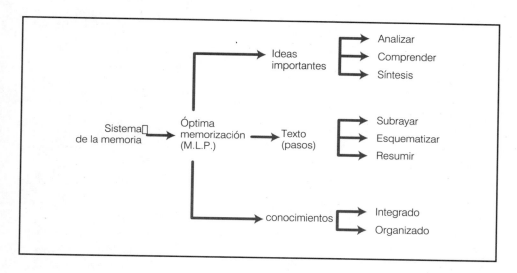

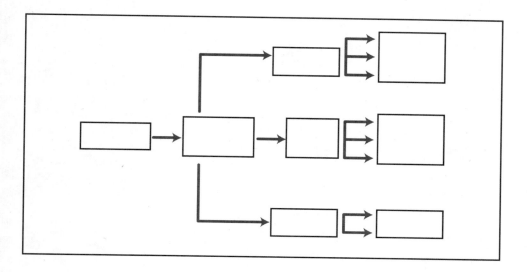

Referencia:

González, José Francisco, *Potenciar la memoria*, pp. 149-151.

Técnicas auxiliares de estudio

Tomar apuntes

T omar apuntes de la clase, así como de lo que se lee, es un medio eficaz que estimula, dirige y canaliza el aprendizaje. Por lo tanto, es necesario una actitud física y mental de atención durante el periodo de estudio. Para tomar apuntes de una forma activa, debes ser capaz de seleccionar los puntos principales, esto constituye uno de los elementos más importantes en el proceso de estudio.

Cuando tomes apuntes, debes tratar de expresar con tus propias palabras los puntos principales de lo que hayas leído o escuchado, o por lo menos debes haber hecho un resumen del tema, este trabajo permite una mejor asimilación del material. Además, para conseguir un mejor provecho de los apuntes, éstos deben repasarse con frecuencia; es oportuno repasarlos antes de la hora de clase. Esencialmente los apuntes de clase deben repasarse con la frecuencia suficiente, para saber con seguridad en qué punto va a comenzar la clase con relación a lo tratado antes y con la asignatura en general.

Los minutos que dedicas a tomar apuntes de lo que lees o escuchas serán muy valiosos cuando empieces a repasar para los exámenes. No tendrás que buscar el material original, ni leerlo nuevamente, para repasar los puntos principales que necesitas.

Debes evitar tomar demasiados apuntes, porque si un alumno se empeña en escribir continuamente durante todo el periodo de clase, puede escapársele lo principal de la discusión o de la conferencia. El alumno que escribe demasiado corre el riesgo de que no le quede tiempo para aprender.

Para tomar apuntes se recomienda lo siguiente:

1. Tener cuidado de que los apuntes tengan los títulos adecuados y que indiquen claramente los asuntos a los que se refieren.

2. No anotar nada, sino hasta que hayas leído o escuchado un punto, lo suficiente para haberlo entendido. Algunas veces hay frases o pensamientos que resumen una idea, por lo mismo deben anotarse.

3. No intentar escribir todo. Tomar apuntes es un proceso de selección y valoración.

4. En las conferencias o en la lectura debes procurar seleccionar unidades de pensamiento, acatando las siguientes reglas:

   - Indicar los encabezamientos de los párrafos.

   - Señalar la enumeración que hace el profesor del tema principal y de los temas secundarios.

   - Observar la introducción del tema.

   - Estar atento a los cambios de voz y del gesto.

   - Fijarse en los resúmenes, esquemas o sumarios, tanto de las lecturas como de las conferencias.

5. No dejarse desviar por las explicaciones hechas al margen, entre paréntesis, en las discusiones de clase o en conferencias.

6. Escribir con la letra clara y legible.

7. Emplear adecuadamente las abreviaturas, las cuales pueden ser establecidas por ti.

8. No te limites a oír, proponte entender, tomar notas claras, sintéticas y precisas.

El subrayado

Cuando lees tus propios libros y quieres realizar un repaso sobre algunas materias en forma sencilla y eficiente, dispones de un magnífico medio: el subrayado. Con la lectura debemos captar el sentido de las palabras, dando a los términos el significado pensado por el autor, separando inmediatamente los conceptos principales de los secundarios, y las afirmaciones verdaderas, de aquellas que son discutibles de modo objetivo.

Debemos subrayar resumidamente las frases y las oraciones clave, de forma que al final tengamos una síntesis del tema. El subrayado es una base para nuestros apuntes, y al realizar el repaso se convertirá en una serie de resúmenes o esquemas que emergen en el momento de la evocación de los conocimientos almacenados.

El subrayado es indispensable en todo proceso de estudio y su uso eficiente requiere cierta capacitación. Cuando algunos estudiantes empiezan a hacer prácticas de subrayado, se reflejan dos defectos: subrayan poco o subrayan mucho. Lo más recomendable es practicar, y en forma progresiva se superaran ambos defectos.

Para el subrayado se emplean diversos símbolos, utilizados de acuerdo con el criterio de cada persona, en el que a simple vista se determina la diferencia entre lo principal y lo secundario. En la actualidad está muy difundido el uso de lapiceros especiales con tintas transparentes y de colores bastante iluminativos, destacándose el verde, con los que se cubre toda la línea o el párrafo que se desea resaltar, y a los pocos meses desaparecen automáticamente del libro, sin la necesidad de utilizar un borrador especial.

Para realizar un buen subrayado existen diversos criterios, pero podemos sugerir algunos:

1. Subraya la idea principal de cada capítulo o párrafo.

2. Debes subrayar aquello que te parece interesante, aunque no sea la idea principal del autor.

3. Escribe un signo de interrogación a lo que desconozcas o no comprendas bien.

4. Redacta al margen, con lápiz, cualquier objeción que tengas.

5. Si el texto es demasiado importante, subraya debidamente con lápiz y luego de hacer tus fichas, bórralo con cuidado.

6. Usa preferentemente rayado vertical, simple o doble; signos convencionales, de admiración o de interrogación.

7. Puedes utilizar cualquier otro símbolo que te sea mucho más manejable.

El resumen

El resumen es una exposición breve que proporciona los elementos principales del material visto ampliamente en el texto o en la conferencia. Es decir, un relato corto de las ideas básicas presentadas por el escritor o expositor, un repaso de los datos y conceptos, y con una relación entre ellos.

La elaboración del resumen tiene una técnica y podría describirse de la siguiente manera:

1. Una exposición del capítulo o fragmento que se va a estudiar.

2. Lectura detallada de los párrafos principales hasta comprenderlos.

3. Subrayado de las ideas más destacadas.

4. Verificación de que el subrayado en general refleje nexo y unidad.

5. Utilizando el subrayado escribe las ideas más importantes con el propio lenguaje del autor.

6. Constatar que exista relación con el contenido, para que el tema no pierda su sentido.

Las fichas

No se puede obtener el máximo provecho en el estudio si no se utilizan las fichas. Éstas son tarjetas de cartulina blanca, también pueden ser de papel bond, rayado o sin rayar, de tamaños diferentes de acuerdo con el uso que se les quiera dar. El trabajo con fichas permite realizar el estudio en forma ordenada y tener a la mano todos los datos que se van obteniendo.

Los estudiantes que den buen uso a las fichas obtienen resultados exitosos. Para la utilización de éstas debemos tener en cuenta lo siguiente:

1. Debes escribir en un solo lado de la ficha.

2. Agrupar las fichas según el tema o los autores.

3. En cada ficha debemos anotar el título del tema o asunto, en seguida el contenido, y después la fuente bibliográfica de manera abreviada.

4. Anotar la opinión personal del investigador o un comentario que interese.

5. En la ficha sólo se transcribe lo que más interesa.

Existen muchas clases de fichas, pero la más importantes es:

Ficha Bibliográfica. Es aquella donde tenemos que hacer referencia a un conjunto de datos, nos permite la identificación de la publicación, debiendo consignarse lo siguiente:

Autor de la obra

Título de la obra

Número de edición

Lugar y año de publicación

Número de páginas

Indicación de ilustraciones

Funcionamiento del fichero

Primer paso

1. Se llenan unas 50 fichas de la siguiente manera:

   ANVERSO: Escribir las preguntas (ROJO)
   REVERSO: Escribir las respuestas (AZUL)

2. Tiene que tratarse de conceptos y no de temas.

Segundo paso

1. Comenzamos a revisar unas 50 fichas.

2. Las ponemos en el primer casillero del fichero.

3. Comenzamos a sacar las fichas, llenamos una, pensamos en la respuesta por unos segundos.

FICHERO DE APRENDIZAJE

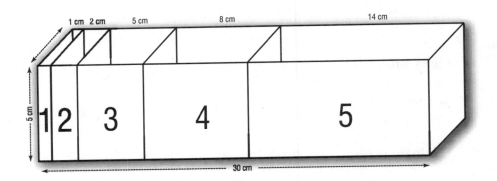

Anverso de la ficha

1. ¿Después de cuánto tiempo están reticuladas definitivamente las células del cerebro?

2. Diga dos nombres de células del cerebro.

3. ¿Qué tipos de memoria existen?

Reverso de la ficha

1. Dos años después del nacimiento.

2. Neuronas y células ganglionares.

3. Memoria de duración corta y de duración extracorta.

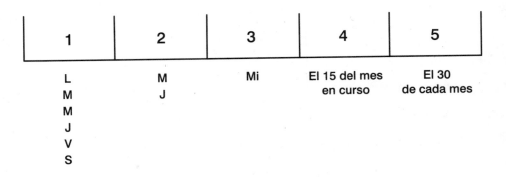

4. Comprobamos si acertamos o no; si sabemos o no la respuesta.

5. Damos la vuelta a la ficha y comprobamos.

6. Si acertamos, la ficha pasa al casillero No. 2 ; en caso contrario, la volvemos a poner en el primer casillero, pero en la parte de atrás.

7. Así procedemos con las 50 fichas del primer casillero. Las fichas acertadas pasan de casillero; las otras se quedan en el primero.

Tercer paso

1. Cuando el primer casillero esté casi vacío, lo volvemos a llenar con fichas y seguimos procediendo como hemos visto. Las fichas acertadas pasan al segundo casillero, las otras se quedan.

Cuarto paso

1. Cuando el segundo casillero esté lleno, debemos desocuparlo. Para ello, seguimos el mismo procedimiento que en el primer casillero. Las buenas pasan al tercer casillero y las malas **regresan al primero**, como castigo.

Quinto paso

1. Cuando el tercer casillero esté lleno, procedemos exactamente igual que cuando el segundo casillero estaba lleno, y así continuamente hasta que las fichas buenas salgan del quinto casillero y podamos guardarlas en una caja, con la seguridad de que hemos **aprendido**.

2. Si al repasar una ficha del **quinto casillero** no recordamos la respuesta correcta, regresamos la ficha al primer casillero.

3. Se ahorra tiempo porque **sólo se repite el material difícil de memorizar**.

Cómo desarrollar actitudes de éxito para el estudio

Todo lo que vívidamente imaginamos,
ardientemente deseamos, sinceramente creamos
y entusiásticamente emprendamos,
inevitablemente sucederá

Paul J. Meyer

No es lo que comes, sino lo que digieres, lo que te hace fuerte.
No es lo que ganas sino lo que ahorras lo que te hace rico.
No es lo que aprendes, sino lo que recuerdas
lo que te hace sabio

La actitud mental y su memoria

De acuerdo con el libro "Yo puedo", no existe una mala memoria. Nuestras mentes creadoras retienen todo lo que vemos, oímos y leemos, desde el momento en que llegamos a este mundo hasta que partimos. Lo que consideramos como una mala memoria, es sólo nuestra incapacidad de recordar, a voluntad, hechos que tenemos en nuestra mente creadora.

Para desarrollar una buena memoria, simplemente se necesita el conocimiento de que uno la tiene, en lugar de pensar en términos de …yo tengo mala memoria. Recuerda que tienes buena memoria, que te servirá, en todo momento, para recordar hechos que existen en tu mente creadora.

¿Recuerdas las caras, pero no los nombres? Es natural, ya que uno ve la cara de una persona por un largo periodo, y en cambio, apenas escucha el nombre de ésta en un momento fugaz.

He aquí la lección de Ben Sweetland para desarrollar la memoria. La práctica te ayudará a desarrollar la idea de que tienes buena memoria.

En vez de hacer por escrito una lista de tus compras, fíjala en tu memoria, sabiendo que la recordarás.

No asocies la memoria con la edad, ni pienses que es natural que la memoria vaya debilitándose a medida que pasan los años. Los recuerdos no desaparecen gradualmente, con la edad. Desarrolla tus poderes de observación. Todos vemos, pero no todos observamos.

Piensa en las cosas que has visto, y te sorprenderás al descubrir por cuánto tiempo has podido recordarlas. Aprende bien estas lecciones y te regocijarás porque tienes buena memoria.

Desarrolla una buena memoria

No necesitamos "insistir" en la necesidad de desarrollar una buena memoria. Seguramente, te has disgustado algunas veces cuando se te ha olvidado algo. El dinero para comprar un libro, por ejemplo, o tal vez te hayas visto en un aprieto como consecuencia de tu poca memoria. ¿Qué tal acerca del discurso o poesía que creías recordar y que falla en el momento?

¿A qué llamamos una buena memoria?
Si tienes buena memoria puedes recordar los datos que necesitas en el momento preciso. Esto es verdad para los datos en general, o sea, memoria general para datos concretos o definitivos, los cuales son algunas veces atribuidos a la memoria verbal. Sean los datos o hechos que sean, una buena memoria te permite recordarlos y reconocerlos correctamente.

¿Se puede desarrollar una buena memoria?
Es la cosa más cierta del mundo. Sólo que necesitas trabajar en ello. Empieza con la actitud correcta. En ti puede haber dos fallas, si crees que no puedes recordar y rehúsas probarlo. La falta de confianza en ti mismo te afectará también en el periodo de exámenes, estarás nervioso y confuso.

Encuentra los principios para desarrollar una memoria eficaz (nosotros te daremos algunas sugerencias) y luego aplícalos y ejercítalos. Tus músculos no están en forma hasta que sabes cómo ejercitarlos correctamente.

Con toda la práctica del mundo, puedes no recordar en el acto; en este caso, procura tranquilizarte y recordar ideas relacionadas con el hecho deseado y es posible que éste se te haga presente.

Aprende con la intención de recordar, es necesario que pongas en ello todo tu interés ¿No te ha sucedido que vas a la tienda a comprar cinco cosas y al llegar no recuerdas más que una o dos?

Probablemente deseabas hacer otra cosa además de ir a la tienda y por eso no pusiste demasiado interés en recordar los artículos que ibas a comprar. Pero si eres aficionado al cine puedes recordar los nombres de las estrellas famosas y los títulos de las películas ¿por qué? Porque tienes interés y quieres acordarte. Así mismo sucede con las novelas y un partido de fútbol, lo recordamos casi todo.

En realidad, estás fomentando esta concentración con las llamadas imágenes mentales —son las que se van a recordar más tarde—. Todos los sentidos ayudan a establecer estas imágenes, pero la vista y el oído más que ninguno. Así que observa profundamente, o escucha con cuidado, y, en ambos casos, con detalle. Registra los hechos en tu "mente auditiva y visual"; deja que estas imágenes mentales se desarrollen.

Memoria visual   Memoria auditiva

Unos recuerdan mejor lo que oyeron;
otros, lo que vieron o tocaron.

Desarrollo de la memoria general

Hay algo que deseas recordar —tal vez ideas de un capítulo o los pasos de un experimento—. Ahora bien; ¿cómo vas a hacerlo?

1. Debes comprender totalmente lo que vas a tratar de recordar

Comprender significa que las ideas principales, que habrás separado de las no importantes, son claras y precisas para ti. Puede que hayas tenido que pensar sobre la materia o el significado mismo de las palabras. Es posible que hayas tenido que buscar ejemplos o poner en tus propias palabras el material de trabajo. Pero lo comprendes.

La memoria no se pierde casi nunca. Lo que desaparece es la capacidad para recordar; los ejercicios de mnemotecnia sirven para que no olvidemos en qué páginas de la gigantesca enciclopedia que es nuestro cerebro, archivamos los datos que necesitamos en un momento determinado.

2. Asocia las ideas nuevas con otras ya conocidas o familiares

En tu casa seguramente hay perchas, ganchos o clavos donde cuelgas tu camisa. Es probable que puedas colgarla en uno de ellos hasta con los ojos vendados. ¿Por qué? Porque conoces bien esos clavos y ganchos. Cuando decimos que puedes asociar o enlazar nuevas ideas con hechos conocidos, sólo afirmamos que tú puedes colgar una nueva información en viejas y familiares perchas. Puedes hacer esto porque las ideas están lógicamente conectadas, son similares, contrastan, o bien, acontecen en el mismo momento.

Además cuando más conocimientos obtienes o recuerdas, más perchas tienes para colgar tus nuevas informaciones.

3. Pon tus nuevas ideas juntas, formando una unidad lógica

Suponemos, por ejemplo, que en este momento acabas una tarea, un capítulo o hasta un libro. Si puedes captar las ideas principales y asociarlas en una unidad lógica, tu mente las recordará con más facilidad por estar relacionadas. La idea central le ayuda a uno a recordar aquellas que se relacionan con ella; un hecho conduce a otro. Organizar tus ideas puede requerir un esquema mental o escrito y es necesario que encuentres algún método para ordenarlas. El arreglo puede ser por ordenación del tiempo, por causa y efecto, por temas o por cualquier método apropiado a la materia.

4. Releer y recitar

Cuando relees material que necesitas recordar, te das cuenta de tus puntos débiles y de tus errores. Deberías también recitar para ti mismo en voz alta —esto es, cerrar el libro y recordar mentalmente—. De esta manera, te estás entrenando en un campo que, más tarde, te dará buenos resultados.

5. Pon mucho interés cuando aprendas algo nuevo

¿Has visto un avión cuando despega? El piloto lo acelera al máxi-

mo para alzarlo del suelo. Debes poner un esfuerzo extra la primera vez que obtienes una información, si deseas recordarla.

Haz dos o tres repasos rápidos inmediatamente después de haber obtenido el conocimiento. Repásalo unos minutos antes de entrar en clase, porque puede que se relacione con ideas nuevas que se presentan en la misma. Repásalo antes de estudiar la nueva lección, de manera que estés preparado para relacionarlo con ideas nuevas.

6. Distribuye tu esfuerzo

Vamos a suponer que estudias con el propósito de recordar o memorizar. Distribuir tu esfuerzo es espaciar inteligentemente tus periodos de estudio. Por ejemplo, en vez de estudiar una hora seguida puedes hacerlo por tres periodos de veinte minutos cada uno, con un pequeño descanso entre ellos. Por supuesto, tienes que descubrir cuánto tiempo puedes concentrarte efectivamente para poder determinar la duración de tus periodos de estudio. Si distribuyes tu esfuerzo, no te aburrirás ni cansarás, como puede ocurrir si te concentras sobre un mismo tema por un tiempo demasiado largo.

Desarrollo de la memoria verbal

Memoria verbal significa aprender las cosas palabra por palabra, o sea, textualmente. Verbalismo o memoria rutinaria, como algunas veces se le llama, significa que recuerdas o repites determinados párrafos palabra por palabra, igual que cuando aprendes una poesía. Tu memoria verbal trabaja también cuando recuerdas número o símbolo por símbolo, como en las fórmulas.

Aquí también se pueden aplicar dos sugerencias hechas al hablar de la memoria general:

1. Comprender totalmente cualquier materia antes de intentar memorizarla.

2. Distribuir el esfuerzo.

1. Practica la forma en que tendrás que dar la materia más tarde

Supongamos que tu tarea es memorizar un poema que debes recitar en clase. Entonces, apréndetelo de memoria, repitiéndolo en voz alta. Supongamos además, que tienes que escribir un poema en clase. Entonces, memorízalo, escribiéndolo varias veces.

La memoria de los poemas

Aprende este poema corto, procediendo de la forma siguiente: léelo una vez en voz alta y trata de repetirlo inmediatamente. Vuelve a comenzar varias veces este ejercicio. Si no consigues retener rápidamente el poema, pon en práctica tu memoria visual; escribe la primera línea y, después, el conjunto del poema.

En preguntar lo que sabes el
tiempo no has de perder…
Y a preguntas sin respuesta
¿quién te podrá responder?

(Antonio Machado)

2. Memoriza el material lo más exactamente posible desde el principio

Cuando aprendiste a nadar o a jugar futbol, probablemente al comienzo cometiste errores. Más tarde tuviste que evitar estos errores y ello te tomó tiempo.

Si empiezas a memorizar incorrectamente o sin cuidado, luego te encontrarás con dificultades. Las equivocaciones se repetirán y tendrás que usar energía y tiempo para vencerlas. Así que te conviene memorizar con cuidado y correctamente desde el principio.

3. Usa el método adecuado a la materia que vas a aprender

Cuando debas memorizar una selección corta, usa el método "total". Estúdiala desde el principio hasta el final muchas veces. Cuando puedas repetirla toda, con sólo pequeñas dificultades, entonces trabaja las partes que fallan.

Cuando la selección sea larga, usa el método "por partes". Con este procedimiento debes leer el texto varias veces hasta que lo comprendas totalmente. Busca el significado de las palabras y frases nuevas en el diccionario.

Cuando ya lo comprendas bien, memoriza una parte y luego la otra; cuando ya lo dominas todo, nada te impide leer el texto completo de vez en cuando. Ya aprendiste todas las partes, repite el texto completo de memoria varias veces. Este es el método de "todo-las partes-el todo".

4. Haz vívidos los temas

Para lograr que los temas sean vívidos, debes hacer algo para que "resalten". Recuerda los anuncios en colores o letreros de neón que parecen moverse. Así también, las palabras, oraciones, leyes o fórmulas que desees memorizar pueden ser escritas con lápices de colores, letras grandes o cualquier cosa que las haga más vívidas.

El olvido

Sólo algunas cosas sobre el olvido. Naturalmente no todos somos iguales en este aspecto, algunas personas olvidan más rápido que otras; hay quienes recuerdan unas cosas y olvidan las demás. Hablando en términos generales, el olvido es mayor durante las primeras horas de haber aprendido algo; después es mucho más lento.

Curva del olvido

"Olvidamos" la mayoría de las cosas por no haberles puesto atención ni tratar de recordarlas.

Repasa dentro de las 24 horas posteriores al estudio; el siguiente repaso puede ser a los 8 días, y el tercero, al mes. Con repasos periódicos, el olvido es cada vez más lento.

¿Olvidó el profesor dónde puso su lápiz? ¡Claro que no!

CURVA DEL OLVIDO

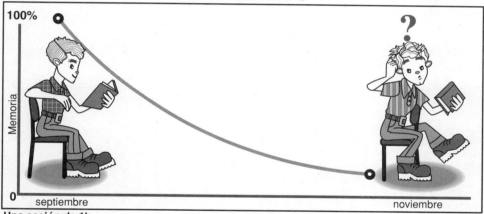

Una sesión de 1h

Varias sesiones de 30 minutos

Por lo anterior, todos los autores recomiendan que el estudiante termine los dictados de clases del día, pase en limpio sus apuntes, haga sus cuadros sinópticos o elabore sus fichas. La razón es que al hacerlo, sin darse cuenta estará REVISANDO el tema antes de las fatídicas 24 horas.

Esto no aumentará la eficacia de tu estudio

¿Tu sentido de la vista es el que forma las impresiones más duraderas en tu memoria?

Ninguno de tus sentidos puede compararse con la vista en lo referente a intensidad y permanencia de las impresiones que ella registra en tu cerebro. Por lo tanto es lógico deducir que *si deseas perfeccionar tu memoria, el mejor camino es pensar con imágenes mentales.* Convierte en imagen viva todo lo que deseas recordar.

No sólo encontrarás que tu facultad para formar imágenes te es indispensable para mejorar tu memoria, sino que al adquirir dicho hábito convertirás tu memoria en una ayuda agradable y práctica para una vida más positiva. Esta facultad de representarse imágenes es —en realidad— la base de todas las proezas de la memoria, por las que se destacan los estudiantes después de completar su curso.

¡Pero esto sí!

El poder de "visualizar"

La expresión "ver con los ojos de la mente" ilustra bien esta realidad, pues es exactamente lo que haces con tu memoria al grabar surcos perdurables en tu cerebro. Esto te ayudará a hacer aún más vívidas tus imágenes mentales y a recordarlas con más fácilidad.

"Trucos" para recordar

El primer "truco", la exageración

No te contentes con un lápiz de tamaño común detrás de una oreja normal. Forma su imagen en grande. Aumenta los objetos en tu mente hasta que queden muchísimo más grandes de lo que son en la realidad. ¡Hazlos **insólitos**! Esta particularidad los hará fáciles de recordar. Nunca habrás visto una oreja mayor que la cabeza a la cual va adherida. Si así fuera, seguramente nunca lo olvidarías; es por ello que recordarás la imagen de una oreja gigante que sostiene el lápiz más grande que hayas visto.

El segundo "truco", movimiento

Una exhibición animada en la vidriera de una tienda atraerá casi siempre la atención de todo transeúnte. Si adviertes a un amigo del otro lado de la calle, levantarás el brazo y lo agitarás para llamar su atención. Una película nos dejará sin duda una impresión más duradera que la misma historia por medio de dibujos en una página impresa.

Por lo tanto podemos deducir que si ponemos en movimiento las imágenes que empleamos para nuestras asociaciones, estas imágenes en acción dejarán una impresión más nítida en nuestra memoria que aquellas que fueran inmóviles.

El tercer "truco", las combinaciones insólitas

Nos ayudarán tanto las conexiones absurdas entre cosas conocidas (Caperucita roja y el lobo), como las acciones inesperadas de cosas igualmente familiares (la alfombra voladora de Las mil y una noches).

Cuando llegas a casa después de tu trabajo diario o de un viaje, cuentas a tu familia las experiencias extraordinarias que te han sucedido, ya sea como observador o participante. Así, al formar tus imágenes para tenerlas disponibles en tu memoria, aprovecha el hecho de que lo **inusitado** se recuerda en forma más natural y vívida que lo común y corriente.

El cuarto "truco", el absurdo

Consiste en inventar situaciones extravagantes, a fin de estimular la imaginación y así ayudar a que la memoria registre el material.

Al respecto, hay un ejemplo bastante conocido que ilustra muy bien en qué consiste el absurdo: si ves que un perro muerde a un hombre, olvidarás pronto el incidente; pero si ves que un hombre muerde a un perro, entonces recordarás siempre el raro incidente.

La alegoría

Nadie ignora lo que es un jeroglífico: una serie de dibujos o signos representativos de una frase que es preciso encontrar. El principio de la formación de los jeroglíficos puede ser utilizado ventajosamente para recordar. Consiste en resumir en un espacio muy reducido un importante grupo de ideas o de detalles que se refieren a un hecho determinado. Por ejemplo, un cuadro dividido en cien partes iguales y que cada una representa un año, puede servirnos para fijar en la memoria los sucesos principales de un siglo. Cada hecho que se quiera recordar será resumido simbólicamente en la casilla que indique su fecha. Una memoria visual entrenada, unida a una buena asociación, permite memorizar, en forma muy ordenada, un gran número de conocimientos.

Para retener y recordar una serie de palabras usuales, se recomienda recurrir a las letras iniciales de cada una de esas palabras o a las primeras sílabas que las componen. Con esas letras es posible a veces formar un encadenamiento de asonancias que, por lo extrañas, se destacan en el recuerdo. Así por ejemplo, con las primeras letras de los siete colores del espectro solar podemos formar una palabra que sólo para nosotros nos servirá: AVARAVA. El sólo hecho de asociar esta palabra a los colores nos dirá que ellos son Azul, Verde, Anaranjado, Rojo, Añil, Violeta y Amarillo.

Si no sabes de música y quisieras aprender, quizás te conviniera recordar bien la frase: "Mi sol siempre reluce fastuoso". Es una frase con un sentido claro y con cierto énfasis. Recordando esta frase no habría jamás ninguna confusión con las notas correspondientes —en clave de sol— a las rayas del pentagrama. Las primeras letras de cada palabra te dirán: mi-sol-si-re-fa, y de este modo confías a la memoria un elemento nuevo, asociándolo con algo que ya sabías.

El mismo sistema podría servir para recordar las notas correspondientes a los espacios. La frase "Fabricando la dorada miel" te daría de una vez para siempre las notas en cuestión, ordenadas en una frase perfecta. "Mi sol siempre reluce fastuoso, fabricando la dorada miel". Ya tienes rayas y espacios grabados para siempre en la memoria.

Las fórmulas rimadas

A quienes posean una buena agudeza auditiva, les recomendamos el empleo de las fórmulas rimadas. Una de las más conocidas es la siguiente:

> El cuadrado de la hipotenusa
> Es igual, si no se abusa,
> A la suma de los cuadrados
> De los otros dos lados

Ello nos demuestra que un teorema encuentra a veces su lugar en forma poética. Sin tener el menor talento verificador, todo estudiante algo ingenioso sabrá generalizar este ejemplo.

Para recordar cuántos días tiene cada mes se pueden usar dos procedimientos: Cerrando una de las manos, el nudillo que corresponde al dedo meñique representará a enero, mes de 31 días, el valle que le sigue representará a un mes corto, febrero, y el nudillo siguiente a un mes largo, marzo, y así sucesivamente hasta llegar a julio, mes de 31 días. Comenzaremos nuevamente por el nudillo del dedo meñique representando agosto, otro mes de 31 días, y así, hasta terminar en el dedo mayor con el mes de diciembre.

El otro procedimiento es el de la rima tan conocida:

> TREINTA DÍAS trae noviembre
> Con abril, junio y septiembre
> de VEINTIOCHO sólo hay uno
> Y los demás de TREINTA Y UNO.

Las cosas son más fáciles de recordar cuando se acomodan a un orden que se puede establecer.

He aquí otra fórmula relativa al descubrimiento y a las propiedades del oxígeno, tomada de Guyot Daubés:

> Sheele y Priestley descubren el oxígeno,
> Gas inodoro, incoloro, permanente,
> Agente vital que no es en verdad patógeno
> y que por su virtud se nombra comburente.
>
> Vástagos de hierro, azufre, fósforo o carbono
> Se unen a ese gas y arden claramente;
> Después; ese bello gas se transforma en ozono.
>
> Por la electricidad o lo fosforescente
> En un horno el oxígeno fabrico:
> Se calienta al rojo vivo el cuerpo (MnO2)
> O bien este cuerpo y el ácido sulfúrico.
>
> Forman sulfato magnésico entre los dos
> O bien aún el clorato de potasa
> Que del oxígeno da seis equivalentes.
>
> En cuanto al empleo del más útil de los gases
> Él sólo hace vivir y quemar constantemente.

Los sistemas y métodos contenidos en este curso te demostrarán cómo los principios y procedimientos de las asociaciones conscientes sencillas pueden aplicarse a recordarlo todo. Sí, efectivamente, recordarlo "**todo**": números, orden de cosas, nombres, asuntos, hechos, discursos, anécdotas, etc. En otras palabras, los sistemas y métodos que aprenderás en este curso son aplicables a todas y cada una de las contingencias de tu vida cotidiana de relación o de negocios.

La memoria en discursos y conferencias

Muchas personas, con la habilidad natural de expresión que debiera serles suficiente para dirigirse al público, discutir con un grupo de personas un tema que les es conocido, o narrar anécdotas para hacer más grata su permanencia en una reunión, tienen el impedimento psicológico de temer olvidar lo que tenían preparado para decir.

Ese temor se transforma en un estado de nerviosismo producido por el miedo de no ser capaz de expresar con exactitud su pensamiento, y la inhibición frustra así una vez más la oportunidad que tal vez jamás se vuelva a presentar.

Con un criterio superficial acerca del asunto, podrías pensar que esto te ha sucedido sólo una vez. Pero detente y piensa cuál sería tu posición actual si hubieras aprovechado todas las oportunidades que se te presentaron para destacar tu personalidad haciendo prevalecer tus conocimientos y tu criterio por sobre el de todos los demás. De seguro sólo recordarás las más importantes, de las otras ni te acuerdas o simplemente pasaron inadvertidas por tener la convicción de no ser capaz de aprovecharlas.

La liberación de la personalidad se consigue por medio de la seguridad y la confianza en nuestras propias facultades, y si de esto se trata, la memoria juega un papel preponderante.

En el caso de una conferencia o discurso, el factor que más contribuye a la confianza en sí mismo del orador, es su habilidad para recordar todos los puntos y consideraciones que quiere presentar a su público.

Muchos grandes oradores acostumbran hacer un bosquejo previo de su discurso. Un orador coherente va dándole forma a las cosas por medio del pensamiento escrito. Quedan en papel los puntos principales junto a las ideas sugeridas por la meditación sobre cada uno de ellos. La lista así construida reemplaza cualquier tipo de notas al momento de la exposición; de esta forma el orador no podrá olvidar las palabras. Es difícil por otra parte que pierdas el hilo del discurso; una sola mirada al papel te indicará cuál es el concepto o la idea que debes plasmar en palabras a continuación.

Con todo, es muy probable que no quieras confiarte en un papel que, a pesar de la discreción con que trataras de mirarlo, será igualmente revelador de tu inseguridad. Esta es la razón por la que también aprenderás nuestro Método de la Cadena, para memorizarlo.

Oradores avezados como el que acabamos de describir, fácilmente podrían prescindir del mencionado papel auxiliar. Por medio de la elección de "palabras clave", y la formación de una cadena de ellas, tendrían memorizado todo lo contenido en su apuntador: El papelito.

Pero nosotros debemos considerar que tú no eres un orador experimentado, por lo tanto nuestra exposición acerca del método a seguir será completa de principio a fin.

Comienza por escribir todo el discurso, palabra por palabra, lo que deseas decir. En tu redacción no deberás olvidar que toda elocución se divide en tres partes: Introducción, médula o meollo y reafirmación o final.

De estas partes la más importante es la "médula" o sea el motivo que dio origen al acto, y que es el que deberá producir mayor impacto.

Repasa después tu discurso, corrige expresiones e introduce conceptos omitidos. Luego léelo una o dos veces más para asimilar bien la "médula" del mismo.

A continuación toma un papel y trata de sintetizar tu discurso. El bosquejo obtenido deberá ser conciso y vívido, lógico en sus ideas, poniendo en la intención de cada punto el cimiento para el desarrollo del siguiente.

Con la síntesis así obtenida deberás encarar la memorización ordenada de las "palabras clave" de tu discurso.

Veamos el procedimiento: Lee el primer concepto del discurso. Tal vez lo encuentres en uno, dos o más párrafos y te ayude a reproducir en tu mente el concepto entero. Ello no es difícil, ya que en todo el párrafo o frase hay una o más palabras que te recordarán el pensamiento completo. Esa palabra o frase es la que llamaremos "palabra clave".

Una vez encontrada la palabra clave para el primer concepto o pensamiento, busca otra para el segundo, otra para el tercero y así sucesivamente. Cuando hayas terminado, tendrás una lista de claves que te recordará todo lo que quieras decir. La misma lista que confeccionara nuestro orador avezado.

En voz alta, y con tu lista como guía, ensaya ahora el discurso. ¡Fantástico! ¿Verdad? Pero es muy probable que todavía te quede algo por perfeccionar. Hazlo nuevamente en voz alta, pero esta vez tratando de impostar mejor y dando a tus frases el énfasis adecuado.

"Encadenar" las palabras clave resulta ahora muy simple. Dijimos que cada frase, cada concepto, es susceptible de contener una de ellas. Como

hemos visto en nuestro Método de la Cadena, deberás asociar la primera con la segunda, ésta con la tercera, y así hasta terminar.

Ahora algunos consejos que deberás tener en cuenta para que tu conferencia resulte un feliz acontecimiento:

La nerviosidad es natural en estos casos, pero no permitas que te domine.

- Habla con tono natural.

- Mira directamente al auditorio.

- Anima tus palabras con ademanes.

- Usa un lenguaje fuerte, pero simple.

- No permitas que la atención decaiga.

- Asígnale un tiempo a tu discurso.

La conferencia así concebida estará encarrillada hacia el éxito, lograrás tu objetivo, influirás en el pensamiento y disposición de los que la escuchan.

El arte de conversar y de hablar en público

A todos nos gusta ser buenos conversadores, pero muy pocos pensamos que lo somos. Casi todos podemos ser buenos conversadores si seguimos estas simples reglas:

1. Ten la idea de que eres una persona que sabe conversar, no dudes de ello. En otras palabras, piensa: yo puedo conversar bien y agradablemente.

2. Aumenta el acervo de tus conocimientos. Mantente informado mediante periódicos, revistas, la radio y la televisión.

3. Haz preguntas; es una buena manera de desarrollar una conversación.

4. Aprende a escuchar. Es tan importante saber escuchar como saber hablar. Da a la otra persona la oportunidad de que se exprese.

5. Da variedad a la conversación. No insistas en un tema que canse a las personas que te escuchan.

6. No acapares la conversación, pues no se trata de un monólogo.

7. Practica la expresión de tu voz, la cual puede ser musical. Vigila tu modulación y articulación.

8. Pon entusiasmo en tu voz.

Según Ben Sweetland, hablar en público es simplemente una conversación unilateral.

Observa estas reglas y encontrarás que no son difíciles. No tendrás miedo escénico si piensas en que tu auditorio está formado por amigos. Nunca tenemos miedo a conversar con ellos.

No trates de abarcar más de tres temas en tu charla. Las personas que te escuchan recordarán estos puntos, pero podrían confundirse si tratan de recordar más.

Piensa en los tres temas de tu charla como si fueran tres historietas, entonces no tendrás necesidad de un manuscrito completo, sino que podrás tener presente cada uno, mediante simples recordatorios.

Hábitos de estudio

Los humanos somos criaturas de hábitos y éstos son los que guían la mayoría de nuestros actos. No reconocemos conscientemente su poder porque su control sobre nosotros es automático, por lo que ejercen un efecto incalculable sobre nuestra salud física y mental.

Son por lo tanto, imprescindibles para la vida humana, tanto en el ámbito corporal como en el psicológico, y sin su existencia nada puede ser conseguido en el mundo material o inmaterial.

El principio fundamental de la conquista de los hábitos es la repetición de los actos. Cada acto positivo deja una predisposición para repetir otros semejantes; por lo tanto, cuanto más se repiten más aumentará la disposición para convertirse en permanentes, es decir, en virtud.

Actitudes

- La capacidad más importante que una persona puede tener es una actitud de confianza en sí misma.

- El hombre crea su propio ambiente mental, emocional y físico, mediante las actitudes que tenga.

- Somos los dueños o las víctimas de nuestras actitudes. Es cuestión de elección personal: seleccionar una bendición o castigo.

- Todo cambio de actitud debe provenir de una comprensión y una aceptación interna. El hombre es la única criatura conocida que puede desarrollar actitudes sanas hacia las circunstancias.

- Una actitud positiva se arraiga en una confianza clara, tranquila y sincera en sí mismo.

- Cuando la verdad se entienda a sí misma, su aptitud reflejará esa comprensión.

- La actitud que tenga una persona, y no su aptitud, es la principal causa determinante de su éxito.

- Has llegado a ser lo que eres por los pensamientos predominantes que ocupan tu mente.

Observamos que cuando por un tiempo abandonamos nuestros estudios, nos volvemos menos aptos para aprender y discurrir correctamente, notamos así que hemos perdido la facultad y destreza que antes poseíamos. Lo mismo ocurre cuando dejamos por un tiempo de escribir a máquina o conducir un automóvil, nos volvemos más torpes y hasta olvidamos la ubicación de los dispositivos necesarios para su correcto manejo. El acto físico de caminar también es un hábito que debemos aprender nuevamente si permanecemos por mucho tiempo postrados a causa de una enfermedad.

El buen hábito es entonces una condición adquirida y debemos practicarla para vencer. En el sentido social somos un conjunto de actitudes y comportamientos, es por eso que debemos desarrollar actitudes favorables a la forma de pensar más rica y constructiva para nuestros sentimientos y anhelos de vida.

La práctica constante de la memoria y la destreza mental deben conformar en ti un hábito diario, disciplinado, racional y sistemático hasta hacer de ello tu segunda naturaleza, en la que encontrarás la fuente de toda inspiración y disciplina moral y material.

Este tratado contiene todas aquellas técnicas probadas y practicables, necesarias para mejorar tu capacidad mental; pero, al igual que un nuevo instrumento, no ejecuta su función por sí mismo. Deberás aprender a utilizar hábilmente esas técnicas para que te ayuden a conseguir lo que deseas de la vida.

Si no arraigas profundamente tales conocimientos, si no los conviertes en hábito, no los podrás utilizar cuando más lo necesites.

Una de las mejores maneras de arraigar el conocimiento de una cosa consiste en explicarla a los demás. Si quieres poner a prueba tu propia comprensión de esta forma de pensar, trata de exponerla a tus familiares o amigos. Sin duda descubrirás algo que todos los profesores saben: que la persona que enseña alguna materia suele aprender más que sus propios discípulos.

Por el contrario, habrás perdido tu tiempo si no haces lo posible por arraigar en tu propio ser las técnicas que aquí impartimos. Recuerda que, hasta cierto punto, nadie puede enseñar a nadie a pensar ni a mejorar su capacidad mental. Lo único que cabe es aconsejar hábitos comprobados por su eficacia en el desarrollo de una mayor capacidad mental.

La decisión de trabajar según un plan de eficiencia, exige el cambio de algunos de tus actuales hábitos ya arraigados. Si a este paso —el más difícil de todos— opones tu firme voluntad, la superación de tus malos hábitos pasará al archivo de tus buenos recuerdos.

Casi todas las personas se dan cuenta de que podrían desempeñarse con mucha mayor eficiencia en sus actividades diarias, pero son incapaces de efectuar los cambios necesarios en su conducta. Modificar los hábitos muchas veces involucra previamente el cambio de conducta, y ésta a menudo varía con los cambios de ambiente.

Si crees que no puedes modificar tu manera de ser mediante un esfuerzo de voluntad, puedes hacerlo cambiando tu medio ambiente, sobre el cual tienes por lo menos algún control. Además, si puedes referir cualquier comportamiento a su causa, podrás ser capaz de modificarlo.

Todos podemos desarrollar muchos sistemas de hábitos, que están activados por un móvil, influyen en las actividades íntimas y con ello en las situaciones de la misma familia. Por ejemplo, mientras algunas personas suelen encerrarse y romperse las cabezas ante un problema laboral o intelectual difícil, otras acuden a una segunda persona para que les ayude y otras lo dejan de lado y se autoconvencen de que el problema no tiene ninguna importancia. En cada uno de estos casos el sistema de hábitos surge y adquiere su fuerza, porque en oportunidades anteriores ha conducido al éxito, a la satisfacción o a la resolución de una dificultad parecida. Podemos deducir así que los sistemas de hábitos se fijan y refuerzan cuando conducen al éxito, a la tranquilidad espiritual, al relajamiento de la tensión, etc.

La regla general es que los hábitos se fijan según sus consecuencias, y son esas acciones que tienen resultados satisfactorios las que se convierten en habituales; por su parte, las acciones que conducen al fracaso o a la insatisfacción son automáticamente abandonadas.

Esta regla subraya la necesidad de tener éxito cuanto antes. El nuevo hábito de la memoria entrenada y la destreza mental que intentas incorporar a ti, deberá conducirte pronto a una satisfacción de algún tipo. Ésta puede ser de muchas clases: personal, por haber causado admiración en tu círculo de amistades; familiar, por haber aplicado sus nuevos conocimientos a un sano consejo; laboral, porque la aplicación de tus nuevos hábitos te produce mayor rendimiento, etc. Cualquiera de estas recompensas te será útil en los primeros días para mantener y fortalecer la nueva costumbre que estás introduciendo en ti.

He aquí dos importantes recomendaciones.

Primera: Para la adquisición de un nuevo hábito o el abandono de uno viejo, deberás preocuparte por emprenderlo con una iniciativa tan fuerte y decidida como te sea posible. Acumularás todas las circunstancias posibles que refuercen la nueva costumbre, a la vez que establecerás obligaciones incompatibles con el antiguo hábito.

Segunda: No te permitas ninguna excepción hasta que el nuevo hábito esté plenamente arraigado en tu vida. Un fracaso al principio es capaz de abatir las energías de todos los intentos futuros, mientras que las experiencias de éxito actúan a manera de peldaños de la escalera de la superación.

- Primero formamos nuevos hábitos y luego éstos nos forman a nosotros. En lo que respecta a nuestros impulsos individuales encaminados hacia un futuro de pleno éxito, si no creamos de manera consciente las costumbres correctas, inconscientemente nos formaremos hábitos malos.

- Los hábitos no son instintos, son reacciones adquiridas. No es que sencillamente "sucedan", son provocados. Una vez que determinas la causa original de un hábito, puedes aceptarlo o rechazarlo.

- Es un hecho psicológico, que puedes influir sobre tu medio ambiente y tus pensamientos. Si lo haces conscientemente y con altas miras, de manera inconsciente puedes cambiar tus hábitos en forma positiva.

- Para conocer tu propia realidad, debes darte cuenta no sólo de tus pensamientos conscientes, sino también de tus prejuicios, preferencias y hábitos inconscientes.

- Toda persona que ha tenido éxito se ha creado sencillamente el hábito de hacer cosas que a los fracasados no les gusta hacer y que se niegan a realizar.

- Cualquiera puede vivir heroica y exitosamente durante un día. La persona que alcanza un objetivo elevado hace que ese día constituya el modelo a seguir para todos los días de su vida.

El miedo es un hábito, al igual que la autoconmiseración, la derrota, la angustia, el desaliento, la desesperación y la resignación. Se pueden eliminar todos estos hábitos negativos con dos sencillas resoluciones: "¡¡Puedo!!", y "¡¡quiero!!".

Los buenos hábitos de trabajo ayudan a desarrollar una tenacidad interna y una actitud de confianza en sí mismo que servirán de sostén ante cualquier adversidad y desaliento temporal.

La cosecha que obtengamos en nuestra vida se mide por la actitudes y los hábitos que cultivemos.

Cuestionario sobre hábitos de estudio

El siguiente cuestionario de Luella Cole, sirve para examinar la cualidad del estudio individual. Permite reconocer cómo estudia una persona.

Lee cuidadosamente cada una de las siguientes preguntas y contéstalas sinceramente, escribiendo una X en la columna de "Sí" o "No", que aparecen en el margen derecho.

	Preguntas	SÍ	NO
1.	¿Hay algo que te impida realizar tu trabajo lo mejor que puedas?		
2.	¿Estudias generalmente todos los días en el mismo lugar?		
3.	¿Con frecuencia sabes por la mañana lo que vas hacer durante el día?		
4.	¿Hay en tu escritorio algo que pueda distraerte de tu trabajo?		
5.	Cuando estudias, ¿pasas frecuentemente por alto los gráficos o tablas de tu libro de texto?		
6.	¿Acostumbras hacer resúmenes o diagramas de los puntos más importantes de tu estudio?		
7.	Cuando encuentras en la lectura una palabra que desconoces, ¿sueles mirarla en el diccionario?		
8.	¿Acostumbras dar un vistazo al capítulo antes de leerlo detalladamente?		
9.	¿Sueles ojear un capítulo, mirando los párrafos principales, antes de leerlo en detalle?		
10.	¿Con frecuencia lees el resumen que está al final de un capítulo antes de leer éste?		
11.	¿Tomas los apuntes de una asignatura todos juntos?		
12.	¿Acostumbras tomar los apuntes de una clase en forma de resumen?		
13.	¿Sueles sacar notas de lo que lees en forma de esquema?		
14.	¿Es frecuente que trates de resumir lo que has leído en una frase o en un párrafo corto?		
15.	Después que has leído y sacado algunas notas, ¿acostumbras escribir un resumen del conjunto del capítulo?		
16.	¿Sueles quedarte estudiando hasta altas horas de la noche antes de hacer un examen?		

	Preguntas	SÍ	NO
17.	Al preparar un examen ¿pretendes aprenderlo de memoria?		
18.	Cuando aprendes algo de memoria ¿acostumbras hacerlo todo al mismo tiempo?		
19.	¿Intentas a veces revisar tu trabajo para ver en qué punto estás más flojo?		
20.	¿Sueles contestar una pregunta y luego darte cuenta de que parece ser la respuesta de alguna otra pregunta del examen?		
21.	¿Intentas conscientemente hacer uso de los datos que aprendiste en una asignatura para que te sean útiles en alguna cosa?		
22.	¿Con frecuencia tomas apuntes en clase tan rápidamente como puedes escribir?		

Respuestas ideales

1: No	7: Sí	13: Sí	19: Sí
2: Sí	8: Sí	14: Sí	20: No
3: Sí	9: Sí	15: Sí	21: No
4: No	10: Sí	16: No	22: No
5: No	11: Sí	17: No	
6: Sí	12: Sí	18: No	

Resultados

Compara las respuestas del alumno con el cuadro de la izquierda. Entonces:

Número de respuestas acertadas	Estudio
De 0 a 5	Pésimo
De 6 a 10	Malo
De 11 a 14	Regular
De 15 a 18	Bueno
De 19 a 22	Excelente

La imagen de sí mismo

- La personalidad consiste en numerosas ideas que son más o menos compatibles entre sí, y en el centro de todas esas ideas está el concepto que una persona tiene de sí misma.

- Una saludable imagen de sí mismo resulta vital para lograr el éxito. Esto no significa arrogancia o un ego demasiado engreído, sino más bien un sano respeto hacia sí mismo y el reconocimiento del potencial humano del que se dispone.

- Es una sencilla verdad psicológica que las personas actúan de acuerdo con la imagen que tienen de sí mismas. Es imposible que actúen de otra forma durante cualquier periodo, sin importar cuánta fuerza de voluntad invertirán en lograrlo.

- El hombre debe respetarse a sí mismo. No tiene por qué disculparse por vivir u ocupar un lugar en un mundo que está destinado a conquistar y dominar.

- Una persona no puede hacer nada positivo si tiene un concepto negativo en general de sí misma. Debe aprender a sentir que es un ser de valor e importancia.

- Un pobre concepto de sí mismo forma un techo invisible que impide a una persona tratar de elevarse o progresar más allá de sus limitaciones autoimpuestas.

- Todas las personas que he conocido, que de verdad lograron el éxito, tenían una cualidad o característica en común: un alto grado de confianza en ellas mismas, una saludable imagen propia.

La confianza en sí mismo

- La única forma de tener confianza en sí mismo es por medio de un conocimiento práctico; éste proviene de la información y la experiencia, y esta última se recaba sólo gracias a la buena disposición para enfrentarse a obstáculos y situaciones que las personas en general tienen.

- El verdadero secreto de una persona que ha tenido éxito es la confianza absoluta que tiene en ella misma y sus habilidades.

- Una persona que tiene confianza en sí misma gobierna a los demás porque se gobierna a ella misma.

- La confianza en sí mismo ayuda a enfrentarse con toda honradez a los propios defectos y en consecuencia obliga a efectuar correcciones.

- La confianza en sí mismo da una clara visión de la meta y crea un deseo que tiene la suficiente fuerza como para acabar con todos los obstáculos.

- La acción es la prueba de la verdadera confianza en uno mismo.

- La confianza en sí mismo es la clave de todo el logro: refuerza la habilidad, duplica la energía, expande la capacidad mental y aumenta la fuerza personal.

El deseo

- El deseo produce triunfadores en todas las sendas de la vida.

- El grado de éxito que logres dependerá de la cantidad de deseo sincero que poseas.

- La fuerza del deseo legítimo hace que una persona se enfrente a un problema mientras que otras lo esquivan.

- El deseo le da a una persona el valor necesario para que se diga a sí misma: "Soy bueno pero no tanto como debiera serlo". Las personas de menor estatura moral dicen: "No soy tan malo como muchas otras personas".

- El deseo desarrolla y engendra el respeto hacia aquellos que tienen autoridad. La falta de deseo produce resentimiento.

- El deseo alienta el sentido de responsabilidad hacia el trabajo. La falta de deseo se expresa en la fórmula: "Yo únicamente trabajo aquí". La llama del deseo activo lleva consigo el valor de las convicciones más profundas con que cuentas. Puedes confiar en que se te juzgará por las cosas que tienen importancia.

- Todas las religiones, los sistemas filosóficos, los inventos y las obras de arte de alguna importancia tuvieron su principio creativo en la mente de una persona con deseos.

- El deseo constituye el antídoto mental perfecto del miedo, el desaliento, el resentimiento y la envidia.

- El deseo es la motivación dinámica que se encuentra detrás de todo propósito de valor. Es la inspiración que mantiene encendida la llama del progreso.

Los cambios

- No todas las personas pueden cambiar el mundo, pero todas han sido dotadas copiosamente por un creador generoso. Por lo tanto, todos los individuos pueden modificarse a sí mismos.

- La gente que no cambia, que se niega a reconocer los cambios, que tiene una mente tan cerrada que no puede transformarse, ha dado al mundo una gran cantidad de datos estadísticos, y nada más.

- El cambio es una motivación que obliga a crear algo nuevo, a tratar de alcanzar una estrella rutilante, sin importar lo evasiva que parezca.

- La persona que busca el cambio constructivo tiene une mente airosa y cada vez que se aviva su ansia, el mundo mejora un poco.

- No hay que temer ni resistirse al cambio… hay que cultivarlo. Día tras día, hora tras hora, hay que concentrarse en la persona que se quiere llegar a ser.

- La persona que con terquedad se resiste al cambio, sólo tiene una vida tediosa, sin importar lo tranquila que sea. Pero aquel que acoge los cambios con beneplácito y los acepta, vive muchas vidas, todas igualmente satisfactorias.

- Tu, yo, todos nosotros, vivimos y trabajamos en un mundo que es hechura nuestra, y cada uno de los aspectos de nuestros mundos separados refleja nuestros temores, actitudes, pensamientos y hábitos individuales. La única manera de modificar nuestro mundo es cambiando nuestra mente.

- Debemos evolucionar, y la dinámica de crecimiento humano es el cambio.

- De hecho, importa poco lo que sucedió en el pasado, excepto por las lecciones que derivamos de ello. Nuestro interés primordial deberían ser los cambios que necesitamos efectuar para crear un futuro pleno de éxito y felicidad.

El liderazgo

- Los líderes de mayor éxito son aquellos que reconocen el potencial creativo de cada persona, que trabajan con él y lo utilizan en forma productiva.

- Nuestro país cuenta literalmente con miles de líderes en potencia. Todo lo que necesitan es la autorrealización y la automotivación para cumplir con su destino.

- Un buen líder no se ve restringido por la manera "en que siempre se han hecho las cosas". Su liderazgo es una búsqueda continua para encontrar la mejor forma; no la más cómoda.

- La persona que se motiva a sí misma para fungir como líder no debe tener el tiempo ni la capacidad de sentir miedo.

- El liderazgo más efectivo se ejerce por medio del ejemplo; no por decretos.

- Todos los líderes que logran éxito:

  - Tienen una capacidad que lo atrae.

  - Tienen hábitos que lo fomentan.

  - Saben cuál es su posición y hacia dónde se dirigen.

- El guiarse a sí mismo constituye la cualidad más importante del liderazgo.

- Para mandar a otros hay que empezar por uno mismo. Si se quiere pagar el precio del liderazgo, con toda seguridad se aceptará esa condición.

- La marca que distingue a un verdadero líder es la de saber tomar decisiones. Es el único que debe tomar la decisión final.

Metas

- Si no estás logrando los adelantos que quieres y puedes alcanzar, se debe sencillamente a que tus metas no están definidas con claridad.

- Cuando te fijas tus propias metas, éstas funcionan en dos sentidos: tú trabajas para lograrlas, y ellas actúan sobre ti.

- El establecimiento de metas no debe confundirse nunca con los deseos o con las ilusiones. La persona que se fija un objetivo realista está dando el primer paso hacia el desempeño positivo de sus funciones. El establecimiento de metas es la fuerza humana más potente para lograr la automotivación.

- El mundo está lleno de gente que se ha quedado donde está, sencillamente porque sus metas no tienen alcances suficientes.

- Las metas que una persona se fija a sí misma constituyen el preludio de la acción, el camino a seguir, la ruta que se debe recorrer. Son una expresión de la cualidad más noble del hombre.

- Nadie logra hacer nada de importancia a menos que se fije una meta. Una vez que te la hayas fijado, cree firmemente y sin ambigüedades que la vas a alcanzar, y mientras mayor sea tu seguridad, más rápido será tu progreso.

- Cada uno de nosotros nace para labrarse su propio destino. La profundidad y los alcances del mismo se miden por las metas personales que nos fijamos.

- No pierdas tiempo lamentándote por todas las metas que no te fijaste en el pasado. El establecimiento de éstas empieza hoy para lograr un futuro pleno de éxito.

- La persona que se fija una meta elevada y lucha por conseguirla inspira a todos los que la conocen. Avanza indefectiblemente y otros siguen su camino.

Motivación e interés

*El simple deseo de estudiar no basta.
Es necesario estudiar para alcanzar
una meta definida que será el motor
que te impulse a estudiar*

El hombre, como ser inteligente que es, se halla permanentemente en la búsqueda de los medios que le permitan elevar su capacidad intelectual, su posición social y económica, desarrollarse con habilidad para beneficio propio y del mundo que lo rodea.

Su condición humana es la que lo impulsa a encontrar la manera de vencer las frustraciones e inhibiciones que limitan y retrasan el desarrollo de su personalidad.

Esa continua lucha por alcanzar la meta deseada, ese ferviente anhelo de perfeccionamiento, es la expresión de la motivación humana. Los motivos que tenemos para emprender una tarea son los que nos mueven a comenzarla y continuar en ella hasta lograr el éxito. Sin ellos nada es satisfactorio ni realizable.

Por eso, antes de que comiences a estudiar esta materia, es necesario que medites acerca de todo lo que te motiva a tomar gusto por ella y de convencerte de la necesidad de desarrollar convenientemente tu memoria, y la meditación constituye la mejor forma de autosugestión para convencerte de su importancia. Ante todo, debes recurrir a las ventajas que una memoria entrenada te proporcionará en tus estudios, profesión o empleo; debes además asociar y ligar estrechamente la oportunidad de conseguirla y la necesidad de poseerla, con tu ambición personal, tu propio interés, tu deseo de progreso, etc. Por último conviene que te representes mentalmente, bajo una forma concreta, todas las consecuencias positivas de la tarea que hoy emprendes.

El estado intenso de una meta definida, con el propósito de desarrollar tu memoria, es la primera acción que deberás emprender para conseguirla. Debes crearte plena conciencia de que persigues esa meta, y no dudar que la alcanzarás si tu propósito es firme y razonable. Mientras más cerca te encuentres del objetivo que te has trazado, más confianza sentirás en el desarrollo de tu tarea y más seguro mirarás el camino a seguir para obtener el éxito.

Cuando se entiende por éxito el logro de la meta que uno mismo se ha propuesto, ese éxito conseguido conduce generalmente a aspiraciones más elevadas.

Todos los motivos compenetrarán en tu conciencia y despertarán en ti un interés profundo y sostenido por esta materia. Este elemento psicológico está estrechamente ligado a la motivación de la cual deriva, y es de suma importancia en todos los actos volitivos. Si bien la motivación algunas veces puede presentarse un poco confusa, vaga y general, el interés, por el contrario, es siempre concreto y se refiere a una cosa o idea determinada.

El interés, además, se encuentra íntimamente vinculado con la atención, que es la actividad psíquica de mayor importancia y significación para la memoria. Esta vinculación es tan estrecha que no puede haber atención duradera para las cosas que no logran despertar el suficiente interés.

Necesitamos sentir un interés profundo para fijar y conservar eficazmente en la memoria los conocimientos adquiridos, para poder así evocarlos en el momento oportuno.

Cuántas veces oímos las quejas de los padres por la mala memoria de sus hijos en determinada materia del programa de estudios, y sin embargo ellos obtienen buenas calificaciones en alguna asignatura especial. ¿Por qué? Porque ésta les interesa; han formado y cultivado un interés permanente y vivo por todas las cosas relacionadas con ella. Tendrán, por ejemplo, grandes dificultades para recordar los nombres de los personajes de la historia y la fecha en que se produjeron determinados acontecimiento, pero recuerdan a todos los ídolos del futbol, la formación de los equipos, las fechas y detalles de los partidos, etc. El problema de estos menores no es evidentemente la falta de memoria, sino la falta de interés por aquella materia. La memoria se torna servicial y hasta excelente para fijar todo lo que a uno le agrada y le ha despertado interés.

Si tienes una actitud mental positiva hacia aquello que debes retener en la memoria y una firme determinación de conseguirlo, con toda seguridad llegarás a cultivar el interés por lo que necesitas recordar, aunque al principio no te agrade. Busca y piensa en los beneficios que te reportará y lo agradable que será adquirir ese conocimiento y utilizarlo cuantas veces lo necesites, sin esfuerzo alguno. Verás cómo de esta manera comienza a desaparecer el rechazo, surgiendo en cambio un interés cada vez más creciente hasta llegar al entusiasmo.

El interés que orienta nuestra actividad puede ser primario, que es lo que satisface algunas de nuestras necesidades directas y responde a una tendencia concreta, como cuando tratamos de recordar datos y co-nocimientos que nos sirven directamente en nuestra profesión, que tie-nen aplicación inmediata y rápido beneficio.

El interés es secundario cuando la actividad inmediata no da direc-tamente satisfacciones a alguna tendencia predominante; tal es el caso de un estudiante de secundaria obligado a aprender ciertas materias desagradables para él e ingresar luego a una determinada Facultad y estudiar una profesión que realmente no le gusta.

Deberás pues esforzarte para que todas las cosas que te son necesarias o cuya obtención anhelas, adquieran para ti un interés primario porque es éste el que despertará en tu mente una atención espontánea y duradera, elemento primordial para el buen funcionamiento de la memoria.

La motivación es la creadora del interés, y éste hace desarrollar las facultades morales, intelectuales y físicas que nos permiten destacarnos en las distintas actividades que realizamos.

Posees ahora un interés especial; el de perfeccionar tu memoria y agilizar tu mente. Este interés hará que mantengas firme tu propósito y ejercites con gusto lo que te iremos indicando. Practica continuamente y en toda oportunidad las nuevas técnicas. Controla día a día tus pro-gresos. Haz de la memoria tu "pasatiempo favorito".

La motivación personal

- La motivación es la fuerza que eleva a una persona a cualquier ni-vel que desee alcanzar.

- Aquel que de verdad tiene éxito se da cuenta de la responsabilidad personal que tiene de automotivarse. Puede empezar por sí solo, porque dentro de sí tiene su propia chispa.

- Una causa común del fracaso humano es el desprecio total a la fuer-za de automotivación.

- Es imposible motivar a una persona antes de haber aprendido a motivarse a uno mismo.

- Siempre hay oportunidades para la persona que aprende y aplica la automotivación.

- Una persona automotivada hace compromisos; la gente común hace promesas.

- En última instancia, lo que obtenemos de la vida depende de qué tan bien equiparemos lo que queremos en la automotivación.

- La fuerza de la motivación personal proviene de un plan de acción definido y personalizado, y de la aplicación de ese plan día tras día.

- Antes de que cualquiera de nosotros pueda avanzar hacia el éxito predeterminado, debemos dejar actuar nuestra propia fuerza de motivación.

- El hecho de no descubrir nunca el potencial propio equivale a ser un inválido mental durante toda la vida.

Entusiasmo y voluntad

El entusiasmo y la voluntad dirigen el pensamiento creándole una disposición favorable a la consecución de una empresa determinada.

La subordinación de estas actividades psicofísicas al examen reflexivo de la inteligencia, constituye la principal condición para el éxito y nos capacita para actuar en todo momento a pesar de cualquier obstáculo o dificultad. Por el contrario, el individuo que no ha logrado que estos poderes intelectuales superiores actúen a su servicio ha hecho, por obra de su incapacidad, que actúen en contra de sí mismo, ocasionándole fracasos en lugar de éxitos.

Luis Pasteur dijo: El entusiasmo es como un Dios interior, es algo que nos empuja, nos da energía y nos hace vencer todas las dificultades.

El intenso fuego del entusiasmo afecta todo cuanto se encuentra a su alrededor, y así, las intensas vibraciones de sus poderosos rayos transmiten fe y esperanza en una elevación constante, aun de los caracteres más débiles. Nada realmente grande ha sido logrado sin entusiasmo y voluntad.

El uso adecuado de estas energías vitales te será indispensable para sobreponerse a toda clase de obstáculos que halles en el camino hacia tus anhelos. Y será esa potencia espiritual tu principal arma para moldear a tu gusto todo lo que desees.

La personalidad es firme y atractiva cuando se tiene confianza en sí mismo, seguridad en los conocimientos adquiridos y en que los recordarás y sabrás utilizar en el momento oportuno. Esto se adquiere progresivamente y por medio de un esfuerzo sostenido y sin claudicaciones.

Pero… ¿qué es la personalidad? Es la fuerza dinámica unida al poder de la voluntad que una persona extrae de su bien cultivado inconsciente. Una personalidad inactiva se desarrolla desde los primeros años
de vida. La intensidad se refleja en la cara de quien la posee; atrae, fasci-
na, y todos se agrupan en torno a sus radiantes emanaciones.

Oímos decir a menudo que los ojos son las ventanas del alma; esto
no es sólo una frase. Observa a un triunfador; su mirada tiene una in-
mensidad fuera de lo común, su modo de andar y sus actitudes le abren
paso entre una multitud; y al hablar, el dominio y el empleo preciso de
sus conocimientos le hacen acreedor a la admiración tanto de sus superiores como de sus subordinados. Esto es personalidad. Desarrollada
con entusiasmo y voluntad en la adquisición constante de conocimientos, expresada con seguridad y tranquilidad de conciencia.

Por medio del contenido de este libro aumentarás tus conocimientos y aprenderás a usar mejor los ya adquiridos. Ellos constituirán la piedra fundamental, los cimientos del gran edificio que levantarás.

Déjate poseer por el entusiasmo, y conducir por la fuerza creciente de la voluntad. Verás cómo todo cambia en torno tuyo. Las cosas que hasta ahora creías imposibles de lograr, te parecerán juego de niños.

El conocimiento es poder, desea fervientemente este poder y serás poderoso. Al aumentar tus deseos y poder, las cosas que antes deseabas como importantes serán triviales para tu mente, y las desecharás, lo cual es otra forma de decir que cuando enganchas el carro a una estrella, avanzas a la velocidad del rayo.

¿Cuánto sabes acerca de ti y cuánto del mundo en que vives? La clase de personalidad que expreses depende de este conocimiento. Estudia, aprende, practica y trabaja para cultivar una sólida cultura que te hará destacar en los ámbitos social y profesional.

La comparación mental del estado de tu personalidad actual con aquella que ambicionas, y de los elementos de tu situación presente con las excelencias que desearías obtener, te inspira una serie continua de reflexiones juiciosas. De esta suerte te percatas del grado de aptitud o conocimientos indispensables para poder ocupar cierta posición o realizar esta o aquella obra.

Adopta la determinación de dedicarte con empeño a cumplir tu tarea presente con la mayor perfección posible, asignándote la misión de dominarla completamente, y antes de pensar en los obstáculos, piensa que quieres vencer y rechaza de antemano toda posibilidad de duda. Vence las dificultades del camino concentrando todas tus energías en el esfuerzo presente.

Reflexiona: decidir, actuar, persistir en la acción, es producto del entusiasmo y realización de la voluntad.

Todo éxito puede definirse así: una serie de triunfos parciales, cada uno de los cuales ha hecho posible el siguiente.

La voluntad puesta al servicio del cometido es la que nos hace sobreponernos a la primera dificultad encontrada en el camino, por lo cual decidimos marchar y nos impulsa con más fuerza hacia el logro de nuestro objetivo.

Compara la suerte del individuo vacilante, desconcentrado por cualquier impedimento, incapaz de seguir una línea de conducta por excelente que le parezca, con el hombre cuyas disposiciones persisten y reitera sus tentativas hasta lograr el resultado anhelado. El primero, aunque estuviera naturalmente dotado de buenas aptitudes, sólo extraerá de sus esfuerzos un resultado mediocre. El segundo, aunque perteneciera a una categoría social inferior, mejorará su condición: obtendrá en gran parte lo que codicia, logrará la realización de sus planes.

La existencia del primero carece de encantos. Está forjado con tedios, con pesares y se haya envuelto en un sentimiento de impotencia, de inferioridad, de debilidad que le pesan. La vida del segundo está plena de interés y alegría. Si bien es cierto que no siempre triunfa en todo lo que se propone, tiene por lo menos la íntima satisfacción de sentir que sus medios se desarrollan, que ha influido en él mismo y los que lo rodean. Tu espíritu se fortalece con el esfuerzo, gana en experiencia y en juicio, y poco a poco se torna capaz de conducir a buen término proyectos para los cuales antes no poseías las aptitudes necesarias.

Muéstrate tenaz, y no dudes de ti mismo cuando sientas que se relajan los resortes de tu entusiasmo y voluntad.

Cansancio, depresión, inercia, duda y aprensión, son a menudo la causa del decrecimiento del entusiasmo y la voluntad. Sobreponte a ellas por medio de breves pausas que aprovecharás para dedicarte a tareas o lecturas estimulantes. La higiene de la voluntad prescribe iniciar este descanso después de haber persistido un tiempo determinado, e interrumpirlo justamente en el momento fijado.

Un fracaso, una contrariedad, incluso las simples sugestiones de una persona mórbida o acobardada pueden afectarnos y sumirnos en la duda y la inercia, pero... ¿Cuál es el general que siempre gana sus batallas? ¿Cuál el comerciante que siempre obtiene utilidades? Carga a pérdidas y ganancias sus contratiempos. Analiza las causas que los originaron y saca experiencias de ellos. No renuncies a partir porque perdiste el tren, otros saldrán después. Extrae el beneficio de la experiencia y prepárate para una nueva tentativa.

Nunca digas: "son muy dichosos los que tienen una mentalidad que les permite tomar así las cosas"; puesto que su aptitud te parece feliz, adóptala. Es una cuestión de buen juicio y de buena voluntad.

Recuerda siempre este axioma: Tanto se apaga la vida cuando decrece la voluntad; ésta termina cuando se apaga el entusiasmo, la belleza de saber hay que descubrirla pronto o no se descubrirá nunca.

El entusiasmo

- El entusiasmo es la "admiración de la emoción", la habilidad de controlar la temperatura emocional de cualquier situación personal.

- El entusiasmo es la forma en que "aprietas el gatillo" de las emociones de otras personas que te ayudan y te apoyan instintivamente.

- El entusiasmo resplandece, irradia, penetra y atrapa de manera inmediata el interés de todos.

- El entusiasmo es el "emisario" que prepara el camino para las ideas nuevas.

- Quizá los entusiastas no sean las personas más cultas del mundo, pero son las únicas que escriben la historia.

- Si tú me quitaras mi dinero y mis otras propiedades tangibles, pero me permitieras retener mi entusiasmo, en muy poco tiempo volvería a ser tan rico como antes.

- El entusiasmo es el productor de confianza que exclama ante el mundo: "Tengo lo que se necesita", sin que digas una sola palabra de jactancia.

- El entusiasmo nos permite competir con nosotros mismos, equiparar el presente con el pasado. Únicamente con el impulso compulsivo del entusiasmo podremos encontrar aliento en los errores pasados.

- El entusiasmo es la levadura que levanta la pasta.

- La frase publicitaria más importante de una palabra, aplicable a la vida, que jamás se haya inventado, es "¡¡Entusiasmo!!".

Pensamientos para una mayor fuerza personal

- Ninguna persona puede tener éxito verdadero tan sólo por casualidad o por un golpe de suerte. El éxito efectivo depende del grado en que se utilice y desarrolle el potencial propio.

- El éxito siempre ha sido, y será siempre, el resultado de lo que una persona es, y no de lo que finge ser.

- La definición más sencilla del éxito es ésta: "La realización progresiva de metas personales, de valor y predeterminadas".

- ¿Acaso el hombre de éxito logra lo imposible? ¡¡No!! Se limita a hacer lo que la mayoría de las personas que lo criticaron creyó imposible realizar.

- La persona de éxito comete tantos errores como cualquier otro individuo. La diferencia crucial está en que aprende algo de cada error. De esa forma ha logrado tener éxito.

Ideas de impacto para su éxito

- La única medida del éxito que logres es la que estás realizando en comparación con tu verdadero potencial.

- Toma la decisión de que tendrás éxito, luego invierte cada gramo de tu energía mental y física en el esfuerzo tendiente a hacerla realidad.

- Cualquiera puede tener éxito durante un solo día si se lo propone. Lucha poderosamente, aprende lo más posible, cultiva la comprensión y trata de alcanzar tu meta más elevada. Después haz lo mismo al día siguiente y los subsecuentes.

- El éxito no es más que otra manera de nombrar la limitada capacidad que tienes de llegar a ser; ser más creativo, comprensivo, valiente, humilde, útil, osado, resuelto y dinámico. El éxito legítimo no tiene relación con lo que eres en este momento, es la capacidad con que cuentas para llegar a ser mejor.

Plan del éxito personal

Uno Cristaliza tu pensamiento.
… determina cuál es la meta específica que deseas lograr. Luego, dedícate a su consecución sin desviar tu atención de ese único propósito, con el fervor ardiente de un cruzado.

Dos Elabora un plan para poder lograr tu meta y establece una fecha límite para su consecución.
Haz un plan cuidadoso del curso que vas a seguir hora tras hora, día tras día, mes tras mes. La actividad organizada y el entusiasmo sostenido son los manantiales de tu fuerza.

Tres Desarrolla tu deseo sincero de realizar aquello que quieres en la vida.
El deseo ardiente es el más importante motivador de todas las acciones humanas. El deseo de lograr el éxito inculca la "conciencia del éxito" la que, a su vez, crea una "costumbre de alcanzar el éxito" vigoroso y siempre creciente.

Cuatro Desarrolla una confianza suprema en ti mismo y en tus propias habilidades.
Emprende toda actividad sin aceptar mentalmente la posibilidad de la derrota, concéntrate en tus cualidades positivas y no en tus debilidades… en tu potencia, no en tus problemas.

Cinco Desarrolla una resolución tenaz para llevar a feliz término el plan que has elaborado, sin tener en cuenta los obstáculos, las críticas o las circunstancias, o lo que los demás digan o hagan.
Edifica tu resolución con el esfuerzo sostenido, la atención controlada y la energía concentrada.

Las OPORTUNIDADES nunca surgen para aquellos que esperan…
las atrapan los que se atreven a ATACAR.

Referencia:
Meyer, Paul J., *Programa de éxito personal.*

Bibliografía

ALAIZA, Lourdes y CONGRAIS E., *Así es como se estudia*, Ed. Forga, México, 1977.

ANTOGNAZZA, Emilio Jorge, *El placer de estudiar*.

ARISTA M. Gildomero, *Aprendamos a aprender*, Ed. Cavorr, Lima, 1976.

——, *Aprendamos a estudiar*, Alter & Nos, Lima, Perú, 1995.

BOSQUET, Robert, *Cómo estudiar con provecho*, Ed. Ibérico, París, 1969.

BROWN, William, *Guía de estudio efectivo*, Ed. Trillas, México, 1975.

BLEIFARBEN, Federico, *La mejor manera de estudiar*, Ed. Argentina, 1963.

Cómo debo estudiar, Ed. Huemul, Buenos Aires, 1970.

CONQUET, Albert, *Cómo leer mejor y más de prisa*, Ed. Ibérico, París, 1971.

CHUECA, Ubaldo, *Estudiar y aprender*, Tercera edición, Ed. Salesiana, Lima, Perú.

DERECK, Rowntree, *Aprende a aprender*, Ed. Herder, Barcelona, 1978.

FURST, Bruno, *Memoria: Furst*, Editores de Obras Educativas.

GILABERT, Pablo, *Memoria y agilidad mental y lectura veloz*, S. Instituto Studium, Buenos Aires, Argentina.

GUITTON, Jean, *El trabajo intelectual*, Ed. Criterio, Argentina, 1965.

GRNER, Lee, *Instrucción programada*, Ed. Troquel, Buenos Aires, 1968.

HOUSSAY, Bernardo, *La investigación científica*, Ed. Columba, Buenos Aires, 1960.

LASSO DE LA VEGA, Javier, *El trabajo intelectual*, Ed. Paraninfo, Madrid, 1975.

LEITNER, Sebastián, *Así se aprende*, Ed. Herder, Barcelona, 1973.

LORAYNE, Harry, *Cómo adquirir una súper memoria*, Ed. Bruguera, España, 1971.

MADDOX, Harry, *Cómo estudiar*, Ed. TAU, Barcelona, 1973.

MENESES, Max, *Cómo estudiar para aprender*, Ed. Paidos, Argentina, 1965.

MEYER, Paul J., *Programa de éxito personal*.

MICHEL Guillermo, *Aprender a aprender*, Ed. Trillas, México, 1974.

MIRA Y LÓPEZ, Emilio, *Cómo estudiar y cómo aprender*, Ed. Kapelusz, Buenos Aires, 1967.

NOLTINGK, B. E., *El arte de aprender a investigar*, Ed. Iberia, Barcelona, 1971.

SARTIN, Pierrette, *El éxito profesional*, Ed. Belgas, Bilbao, 1973.

STATON, Thomas F. *Cómo estudiar*, Ed. Trillas, Primera edición, 1967.

STATON, Thomas F., *Cómo estudiar*, Ed. Trillas, México, 1969.

RÍOS, Raúl, *¿Cómo estudiar?*, Centro de Investigación de Psicología Aplicada (CIPA).

QUINTANILLA PAZ SOLDÁN, Fernando, *El mejor método para estudiar*, Ed. Universo, Lima.

Esta edición se terminó de imprimir en abril de 2005. Publicada por ALFAOMEGA GRUPO EDITOR, S.A. de C.V. Apartado Postal 73-267, 03311, México, D.F. La impresión se realizó en IMPRESOS NAUCALPAN, S.A. de C.V. Calle San Andrés Atoto No. 12, Naucalpan, Edo. de México.